アジア教育情報シリーズ
3巻
南・中央・西アジア
編

監修
大塚　豊

編著
小原優貴

一藝社

編集協力及び装丁／本田いく
DTP／クリエイティブ・コンセプト

監修のことば

　2019年度にわが国の高等教育機関に学ぶ外国人留学生総数は31万2,214人であり、その内訳は大学、短大、高専、専門学校が22万8,403人、日本語教育機関で学ぶ者が8万3,811人である。2011年から2019年の間の増加率を見ると、大学、短大等が1.5倍であるのに対して、日本語教育機関在籍者の伸び率は3.27倍と際立っている。出身国別留学生数を見ると、中国12万4,436人、ベトナム7万3,389人、ネパール2万6,308人、韓国1万8,338人、台湾9,584人、スリランカ7,240人、インドネシア6,756人、ミャンマー5,383人、タイ3,847人、バングラデシュ3,527人となっている。上位10位までをアジア各国からの留学生が占めており、これらの国からの学生だけで留学生総数の89.3%に当たり、その他のアジア諸国も含めると、わが国で学ぶ留学生の94%はアジア出身なのである。将来わが国とこれらの国々とをつなぐ架け橋となりうる若者の重要性を考えるとき、われわれ日本人はアジアについて、いくら知っても知りすぎることはないであろう。国際化、グローバル化を背景として、日本に住まう外国人の増加に伴い、学校に通う外国人児童・生徒の増加が見られる昨今、日本語指導が必要な子どもが4万人を超えたと報道された。

　上記の高等教育機関に限らず、こうした児童・生徒への対応に当たる教職員や日本語指導員・語学相談員にとって、彼ら外国人児童・生徒が生まれ育った国や地域について理解し、とくに、どのような学校教育を受けて育ってきたかを知ることは異文化理解の第一歩として重要であると考えられる。

ところで、われわれはアジアと聞くと、いったいどの国を思い浮かべ、どのあたりまでをアジアと認識しているのであろうか。わが国の外務省・アジア大洋州局が関わる国や地域には、中国、韓国、オーストラリア、ニュージーランド、インド、そしてASEAN10か国（インドネシア、カンボジア、シンガポール、タイ、フィリピン、ブルネイ、ベトナム、マレーシア、ミャンマー、ラオス）の他、モンゴル、台湾、香港、マカオ、さらに同局大洋州課の所管であるサモア、ツバル、パラオなど太平洋の14の島嶼国家が含まれる。スポーツの祭典であるアジア競技大会には、これらに加えて、アフガニスタン、バーレーン、ブータン、イラン、イラク、ヨルダン、カザフスタン、クウェート、キルギス、レバノン、モルディブ、ネパール、オマーン、パキスタン、パレスチナ、カタール、サウジアラビア、スリランカ、シリア、東ティモール、タジキスタン、トルクメニスタン、アラブ首長国連邦、イエメンが参加している。百科事典の『エンサイクロペディア・ブリタニカ』では、ロシアの大部分やトルコ、アゼルバイジャン、グルジア、アルメニアなどがアジアの範疇に入っている。アジアはかくも大きく、多様性に富んだ地域なのである。国連による地理区分を見れば、アジアは中央、東、南、東南、西の各地域に分けられるが、本シリーズでは、本書の目次に掲げるとおり、アジアを広く捉えた。最も近隣の東アジアの韓国、中国はもとより、東南、中央、南アジアを含め、西はトルコ、イスラエルまでをカバーするとともに、大洋州の2か国を加えることにした。

　アジアの教育に関しては類書がないわけではない。類似の書籍との差異化を図り、本シリーズとしての特色を出すために、また、わが国の教育を見直す上でも、教育関係者や保護者にとって関心があると思われる事柄や、大学、大学院、日本語学校が外国

人留学生を受け入れる際に役立つ以下のような情報を盛り込むことに努めた。

　第一に、初等・中等教育段階での外国語教育の在り方に関して、わが国では2020年4月から全国の小学校で英語教育が必須である。しかし、導入は決まったものの教員の指導力面を中心に課題が残る現実を踏まえ、対象各国での外国語としての英語に関する教育の取り組みに光を当てた。一方、英語が母語の国については、これ以外の外国語教育の実態を明らかにすることとした。

　第二に、わが国において小学校では2018年度より、中学校では2019年度より「特別の教科　道徳」（道徳科）が始まっていることに鑑み、複数ある教科の中でも、とくに道徳教育に焦点を合わせて考察することとした。経済水準がらみの成行きと言える就学率の高低や教育施設やICT機器などの設備の充実の度合いから見た先進／後進の違いはある。しかしながら、こと倫理観や道徳心およびそれを教える道徳教育に関しては、上記の先進／後進関係がむしろ逆転していることも往々にしてある。シンガポールやマレーシア、台湾で電車に乗っていると、筆者のような老人が立っているのを見ると、進んで席を譲ってくれる若者にしばしば出くわす。中国でもかつて文革直後の時期に訪中した頃にはそうだったが、残念ながら、「現代化政策」が進む中で、あまり出会わなくなった。道徳教育とは、いたずらに愛国心を煽ったり、高邁、難解な道理を説いたりすることではなく、そうした自然な気配りができる若い世代を育てることではないかと思われて仕方がない。この面で、われわれはむしろアジア諸国から学ぶことがあるかも知れない。

　第三に、大学入試改革はわが国の教育改革のうちでも焦眉の急であり、高校教育と大学教育をつなぐ高大接続の在り方、民間

の英語資格検定試験による英語試験の代替の可否、思考力・判断力・表現力を測る記述式問題導入の可否など、何かとかまびすしい。アジアの多くの国でも大学入試は重大な関心事であり、さまざまな取り組みがなされているが、本書で取り上げた各国において、高校から大学へ、さらに場合によっては学士課程から大学院へ進学するにあたって、高校および大学での成績表をはじめ、どのような書類が選抜の過程で参照されるかにとくに着目し、また各文書の記載内容にも触れた。大学に勤務していて困ることの一つは、入学を希望する外国人学生から提出される成績表に記載された評点や評語のレベル付けが不明なことである。こうした場合のために、わが国を訪れる留学生が出身国で学習した内容の評価、具体的には中等学校や、場合によっては大学の成績表を例示し、その評点をどのように解釈すれば良いのか等を明らかにした。

　第四に、同じく外国人留学生の受け入れを考える際、彼らが自国でいかなる日本語学習の環境で過ごしてきたかも気になる。国際交流基金の調査結果によれば、2018年現在、世界の142か国・地域に1万8,604の日本語教育機関があり、7万7,128人の教師と384万6,773人の学習者がいるという。機関数の多い順に見ると、韓国、インドネシア、中国、オーストラリア、米国、台湾、ベトナム、タイ、ミャンマー、ブラジルになるという。このうち、米国、台湾で2015年時点に比べて若干の減少が見られた他は、いずれの国でも増加し、ベトナムでは3年間のうちに599か所も増えている。このような全般的情報に加えて、本書の対象各国・地域では、フォーマルな学校教育はもとより、ノンフォーマルな日本語学習塾や日本語学校の存在がどうなっているかについて知りたいところである。こうした情報は、

近年受け入れる留学生が多国籍化している日本語学校が、彼ら留学希望者を受け入れる際、出身国での学習状況等を理解する上で役立つであろう。

　以上のような編集の基本方針を立てたが、それがどれほど実現できたかについては、読者諸賢の判断に委ねるほかない。大方のご教示、ご叱正を期待したい。なお、各章の執筆にあたっては長年にわたり対象国の教育を研究してきた専門家と新進気鋭の研究者が協力した。また、モンゴル、台湾、インドネシア、ミャンマーについては、当該国・地域出身の研究者にも執筆に加わってもらった。いずれも日本人なら入手に苦労するような情報やデータが盛り込まれており、研究面での国際協力の事例として特記しておきたい。

　最後になったが、本シリーズの刊行にあたり、世の中の厳しい出版事情にもかかわらず、企画に賛同くださり、とりわけコロナ禍の下の厳しい状況下でも、当初の刊行工程に即して速やかな刊行実現にご協力いただいている株式会社一藝社の小野道子社長はじめ同社のスタッフ各位に敬意と謝意を表したい。

　2020 年 晩秋

　　　　　　　　　　　　　　　　監修者　　大塚　　豊

南・中央・西アジア
もくじ

1 インド

激動の時代の多文化国家の分断と調和

都市デリーの学校の授業風景ー教員の問いかけに応える生徒たち（筆者撮影）

▽▽▽ はじめに

　日本から世界に目を向けると多様性を特徴とする国は少なくないが、インドの多様性は群を抜いている。インドでは公的な言語として連邦公用語のヒンディー語と準公用語の英語に加えて、各州が指定する公用語があり（多くは憲法（第8付則）で指定言語として定められている）、47の言語が学校で教授言語として用いられている。またヒンドゥー教（約80％）、イスラーム教（14％）、キリスト教（2％）、シーク教（2％）、仏教（1％）が信仰され、宗教的信仰や実践が人々の日常生活の隅々にまで浸透している。とりわけ多数派であるヒンドゥー教徒の身分制度であるカーストは、インドに独特の秩序や規範を形成してきた。グローバル化の進展にともない「国際水準」がひとつの規範として参照される時代にある中、インドの人々の多様な生き様に触れて世界観が変わる人もいる。

　インドは、13億人という世界第2位の人口規模に加え、優秀な理工系人材の輩出と急速な経済成長により国際的プレゼンスを高めている。マイクロソフト、グーグルなどの名だたるグローバルIT企業では、インド人が最高経営責任者に就任しており、情報技術分野におけるインドの活躍は著しい。一方、インドは世界の貧困層の約4分の1が、また極度の貧困状態にある子どもの30％が集中する国でもある。インド国内に目を向けると、都市と農村との格差や貧富の差が著しく、宗教やジェンダー、カーストにもとづく差別もみられるなど、多様であるがゆえの社会的分断が課題となっている。教育に目を転じれば、1990年代以降、経済発展にともないすべての教育段階で就学人口が増加したが、教育の質が十

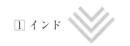

分ではなく、初等中等教育段階ではドロップアウトや、留年、学習到達度の問題が、高等教育段階では高学歴失業者の増加が確認されている。

第1節　教育制度

　インドは連邦国家であり、28の州と8の連邦直轄地で構成されている。教育は連邦政府と各州政府が共同で管轄する事業となっているが、実質的な権限はおもに州政府に与えられている。初等教育と中等教育はそれぞれ前期と後期にわかれ、前期初等教育から前期中等教育までを10年、後期中等教育を2年とする「10-2制」の教育段階区分が全国で統一されている。ただし、最初の10年の構成のあり方は各州・連邦直轄地によって異なり、2009年〜2010年時点では5-3-2制（18州と4つの連邦直轄地）、4-3-3制（8州と3つの連邦直轄地）、5-2-3制（1州）、4-4-2制（1州）が採用されている。後期中等教育以降は、普通科（理科・商科・文科）と職業科に分かれ、それぞれの基礎科目に加えて各専攻の専門の選択科目がある。

　2014〜15年の粗就学率は、初等教育が99.2%、前期中等教育が80%、後期中等教育が56.2%、高等教育が24.5%となっている（Ministry of Human Resource Development 2018）。義務教育期間は6歳から14歳まで（初等教育段階に相当）で、この間にかかるすべての費用（授業料、教科書、制服、文房具、障害をもつ児童のための特別な教材など）は無償となっている。

　中等教育段階では、各教育段階修了時に試験が実施され、試験結果は、高等教育への進学の際に評価対象となる。インド

では複数の試験委員会が修了試験を実施・運営しており、連邦政府の試験委員会である中央中等教育試験委員会(Central Board of Secondary Education, CBSE)、民間組織として全国展開するインド学校修了試験協議会(Council of Indian School Certificate Examination, CISCE)に加え、各州の試験委員会が数十以上ある。これらの委員会が実施する試験は国立教育研究訓練協議会が策定するナショナル・カリキュラム枠組み(National curriculum framework)に準拠する内容となっているが、用いられる言語や試験の実施方法が異なる。中等教育を提供する学校はいずれかの委員会に加盟し、生徒は自分の所属する中等学校が加盟する委員会の修了試験を受ける仕組みになっている。

　高等教育段階では、3年制のカレッジが学部教育を担っている。各カレッジは大学に加盟し、大学は加盟カレッジの教育内容や学校運営を監督したり、試験実施を担う。学生は所属カレッジが加盟する大学から学位を授与される。

　インドの教育機関の中には、連邦政府、州政府、地方自治体などの政府機関が設置・運営する教育機関に加え、運営費の大部分が政府からの補助金によって賄われる私立の教育機関や、政府から補助を受けずに生徒からの授業料収入や寄付などによって財源を自己調達する私立の教育機関がある。インドでは1990年代以降、国民の購買力の増加にともなう中間層の増加を背景に、すべての教育段階で無補助の私立教育機関が急速に拡大している。初等中等教育を提供する無補助の私立教育機関の中には、英語を教授言語とする学校が少なからず存在し、質の高い教育を提供する学校の象徴とみなされている。これらの中に

は、高い授業料を徴収する富裕層や中間層対象の私立学校の
みならず貧困層を対象に低授業料の教育を提供するものもある（小
原 2014）。

　さらに、インドでは正規の学校に就学することが困難な子どもの
教育機会を保障するため、初等教育段階ではカリキュラムや授
業の実施期間（時間）が柔軟な基礎教育を提供するノンフォーマ
ル・センターが、中等教育段階では通信制の教育を提供するオー
プン・スクールが設置されている。

　インドの学年暦は地域によって異なり、4月〜6月の間にはじまり、
夏季休暇（5月〜6月）を挟んで3月〜5月までとなっている。1年間
の授業日数は200〜220日で、授業時間は1コマ約35分〜45分（1
日、5.5〜6.5時間）が一般的である（Yadav 2011）。長期休暇以
外では、土日（州や学年によっては日曜日のみ）と政府の定める祝祭
日が休みである。多宗教国家インドは、すべての宗教を平等に扱
う世俗主義を謳い、各宗教の創始者などの生誕日を祝祭日とし
ているが、実際の祝祭日は、国民の祝日である共和国記念日、イ
ンド独立記念日、マハトマ・ガンディー生誕祭り以外は州によって
異なる。

▼▼▼ 第2節　外国語（英語）教育

　多言語国家インドでは、国民統合を図るとともに複数の公用語
と地方語の地位を維持するために、第10学年までに3言語を学
習する「3言語方式（Three-Language-Formula）」が採用され
ている。3言語とはすなわち、①母語または地方語、②ヒンディー
語圏では、インド現代語もしくは英語、非ヒンディー語圏ではヒン

ディー語もしくは英語、③②で学ばなかった言語である。このため外国語教育を実施できる学校はインド全体の中では限られているが、CBSE加盟校では、フランス語、ドイツ語、ロシア語、日本語、スペイン語、ポルトガル語、ネパール語、アラビア語、中国語などが選択できる。とりわけ、ドイツ語、フランス語の人気が高いが、東アジア言語に対する注目も高まりつつある。

インドにおいて英語はイギリス植民地時代より宗主国による統治のために広く用いられてきた歴史的経緯もあり、他の外国語とは異なる位置づけにある。独立後の憲法ではヒンディー語が連邦公用語として指定されたが、非ヒンディー語圏の抵抗もあって準公用語として英語が使用され、連邦レベルの政府行政機関や高等教育では今日も英語がおもに用いられている。インドでは経済の国際化にともない、近年ではよりよい職や教育の機会を得るための手段として英語が支持されるようになり、英語を教授言語とする学校や、科目として英語教育を行う学校が急速に増加している。「母語よりも英語の方を流暢に話す」子どもたちを嘆く中間層の親も珍しくない。

科目としての英語教育は、現在、29の州・連邦直轄地が第1学年から、2州が第3学年から、3つの州・連邦直轄地が第5学年から導入している（Dutta and Bala 2012）。ナショナル・カリキュラム枠組み（2005年）では、1日1コマを英語教育に当てることが推奨されているが、実際には、第5学年での英語科の授業時間は、多い州では週8コマで、少ない州では州3コマと開きがある（Yadav 2011）。インドでは教科書中心の詰め込み型教育が行われ、英語教育に関しても語彙や文法の教え込みに重点が置かれてきた。こうした教育は生徒に過度の不安やストレスを与えているとし

ばしば批判されてきた。こうした中、国立教育研究訓練協議会の発行する教科書では、児童が学ぶことに喜びを感じ意義を見出せるように、インドの生活様式や文化的特徴が考慮されたり、ロール・プレー、ディベート、グループワークなどの参加型学習が取り入れられたりしている。ただし、教員自身が英語に触れる機会が少なく英語力が十分でないという指摘もあり(Dutta and Bala 2012)、実際の英語教育の質は、学校や教員の力量によって異なる。

　ナショナル・カリキュラム枠組み(2005年)は、前期初等教育の第1学年～第2学年をレベル1、第3～第5学年をレベル2として、これに後期初等教育(第6学年から第8学年)を加えた各レベルについて、4技能(聞く、話す、読む、書く)に関する到達目標を設定している。たとえば、レベル1では、家族の構成員や自分の周りの人たちについて英語で説明できること、大文字・小文字のアルファベットを単語や文章の中で認識し、絵などの助けを借りて簡単な単語や短い文章を読んだり書いたりできること、などが目標として設定されている。レベル2では、短い会話をしたり、物語・詩・記事などを読んだり、作文を書けること、後期初等教育レベルでは、批判的思考を用いて文章に直接表現されていない意味合いを読みとったり、短いパラグラフや説明文、手紙、招待状、申請書を書けることなどが目標とされている。ナショナル・カリキュラム枠組み(2005年)は、成績の配点については、教科書の内容を40%、口頭試験を含む言語活動を40%、副読本の内容を20%の比重で行うことを推奨している。

第3節　道徳教育

　インドでは華やかな経済発展の裏側で、不正や不法行為、非人道的行為の蔓延、暴力や犯罪（宗教的暴力や性的暴行などの犯罪）、深刻な大気汚染など、社会における道徳や倫理の低下を象徴する問題が生じている。インドでは、独立以来、国民統合や個人の人格形成の観点から価値教育の重要性が強調され、国民精神をもち道徳的な市民を育成する役割が学校に期待されてきた。しかし今日のインドの学校現場では、受験競争の過熱化により試験重視・暗記中心の詰め込み型教育が行われ、学校が道徳的価値を学ぶ場として十分に機能していない。それどころか、学校はむしろ過剰なカリキュラムという「暴力」によって、生徒に精神的負担を強いていると批判されている。

　国立教育研究訓練協議会はこうした様々な形態の暴力と、暴力によって増幅する社会的不信感を解消すべく、ナショナル・カリキュラム枠組み（2005年）において「平和のための教育」を提唱している。ここでいう「平和」とは、構造的暴力、搾取、不正といった社会的な暴力からの解放のみならず、自らの中で構築する内面的平和（たとえば、学ぶことに喜びを感じる等）も意味する。国立教育研究訓練協議会は、インドの教育が目指す社会的価値は、民主主義、平等、正義、自由、他者の幸福への配慮、世俗主義、人間の尊厳や権利に対する敬意にあり、「平和のための教育」はこうした価値を教え込み、児童生徒が責任ある市民として、自分や自然を含む他者と調和していけるように道徳的発達を促すものであるとしている。

表1. 「学校における価値教育─枠組み」で紹介されている教授学習活動の例

・家庭や学校において年長者に敬意を示す方法が何通りあるか説明
するように児童に尋ねる(環境学習/言語)

・2人の友人の間に生じた誤解を言葉で表現し、それを誰の自尊心
も傷つけずに解決する方法を文章で書かせる(言語)

・誰もが平和な世界を望んでいるにも関わらず、なぜそれが実現し
ていないのか、平和を阻害する様々な要因を分析する(社会科学)

出所：Gulati and Pant, *Education for Values in Schools─A Framework*,
　　　2006, pp.97 ～ 99 より一部抜粋し、筆者訳出

　国立教育研究訓練協議会はまた、各学校が価値の優先順位
を特定し、その実践に向けて計画できるように、2006年に価値教
育の枠組みとして「学校における価値教育─枠組み(Education
for Values in Schools─A Framework)」を発表している。こ
の枠組みでは、言語、環境学習、社会科学などの科目に価値教
育に関する教授学習活動を導入することが推奨されている。表1
は、枠組みで紹介されている教授学習活動のいくつかの例である。

　枠組みには価値教育によって児童生徒に期待される態度や行
動もリスト化されている。たとえば、「インド憲法とその価値(正義、
平等、世俗主義、自由等)に関する知識と理解を深める」「宗教、
文化、言語、カーストなどの文化的多様性を享受する」「貧しく助
けを必要とする学校やコミュニティーの児童生徒を支援する学校
の取り組みに進んで参加する」「自身の所有物を与えたり共有し
たりすることに喜びを見出す」「正直かつ誠実で慈悲深く行動す
る」「社会の様々な場面で生じる暴力や不作法、攻撃的態度に
抵抗する」「喫煙や薬物などの危険な行為を避ける」「規則的か
つ時間厳守で活動する」「学業成績に対する執着を抑え、過度

の競争に没頭しない」などの目標があげられている（Gulati and Pant 2006、pp.129〜135）。これらの目標からは、インド社会において望ましいとされている価値や、課題とされている児童生徒の態度や行動を垣間見ることができる。

　なお価値教育の実施については、教科横断的な実施が想定されているが、単体教科として実施している州もある。

▼ 第4節　大学入試と中等教育の成績

　インドでは中等教育段階で実施される修了試験の結果が、高等教育機関への進学の際に評価対象となる。各カレッジは、毎年、入学に最低限必要な中等教育修了試験の点数のリスト―いわゆる「足切り（cut-off）リスト」―を公表している。第1回目に公表される足切りリストで定員が満たされない場合、定員が満たされるまで水準を下げたリストが公表される仕組みになっている。一般的な専攻（文科、商学、理科）の場合、この中等教育修了試験の結果がおもな評価対象となるが（カレッジによっては、面接を行うこともある）、専門職養成の専攻（工学、医学、法学）の場合、中等教育修了試験の結果に加えて、高等教育機関や専門分野ごとに独自に実施される試験の結果が評価される。たとえば、インドの高等教育機関として世界的知名度の高いインド工科大学では共同入学試験（Joint Entrance Examination）という全国統一試験が実施されており、その結果が合否判定の対象となる。

　インドの大学入試について特徴的な点は、歴史的に差別を受けてきたカースト集団や部族集団を対象に積極的差別是正措置がとられている点にある。国立大学と州立大学では、各被差別

集団に対してそれぞれの人口比に応じた留保枠が設けられているほか、中等教育修了試験の点数に関しても優遇措置がとられ、足切りリストでは一般枠の志願者よりも低い水準が設定されている（南部・渡辺 2012）。こうした措置は被差別集団の教育機会の保障という面で一定の成果を生んでいる一方、高カースト出身者からは、不公平であり、逆差別であると批判されており、新たな軋轢を生んでいる側面もある。

　ここでは、連邦政府の試験委員会であるCBSEが実施する全インド高等学校修了試験（All India Senior School Certificate Examination）について紹介する。CBSEは、英語とヒンディー語で試験を実施しており、約2万1,000の中等学校（無補助私立学校約8割、中央学校1,800校、州立学校・被補助私立学校3,000校）がこれに加盟している（CBSEホームページ）。おもに筆記形式の試験を実施しているが、一部の科目については実技試験がある。受講する5科目すべての試験の結果がそれぞれ33点（100点満点中）以上であれば合格となる。

　図1はCBSE加盟校の生徒の成績表の例である。成績表には、①登録番号、②生徒の氏名、③保護者（母親、父親など）の氏名、④学校の名称と住所、⑤生徒の履修した科目のコードと名称、⑥科目ごとの成績―理論（TH）の点数、実技（PR）の点数、両者の合計点、レターグレード、⑦合否の結果、⑧発行年月日、⑨試験監督官の署名が示されている。

　レターグレードは、合格者については、成績上位から順に8分の1ごとに分類され、それぞれ A1、A2、B1、B2、C1、C2、D1、D2の判定がつけられ、不合格者については E 判定がつけられる。

　ここではCBSEの試験について紹介したが、既述の通り、イン

図 1. CBSE 加盟校の生徒の成績表の例

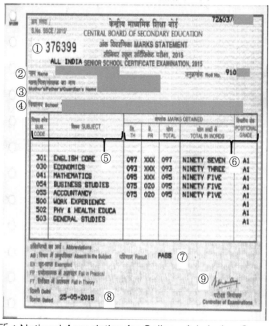

出所：National Association for College Admission Counseling,
NACAC ホームページ、発表年不明

ドでは数十の試験委員会が修了試験を実施・運営しており、評価の方法が試験委員会によって異なる。カレッジに提出される各州の中等教育修了試験の結果に差が生じていることが指摘されており、これを是正する仕組みが求められているが、実現には至っていない。

▼ 第5節　日本語教育・日本語学校

　インドにおける日本語教育は、アジア人初のノーベル賞受賞者であるラビンドラナート・タゴールの設立したビシュババラティ大学（国立）で、日本語講座が選択科目として開講された1954年に端を発する。その後、国防省の外国語学校、大使館や総領事館、印日協会、首都デリーにあるデリー大学やジャワハルラール・ネルー大学などでも日本語教育が行われるようになり、1984年には日本語能力試験が開始している。さらに2002年には、インド政府がIT技術者やIT専攻の学生に対する日本語学習補助金制度を開始し、2017年9月に行われた日印首脳会談では、2022年までにインドの100の高等教育機関に日本語講座を開設し、1,000人の日本語教師を育成するとの共同声明が発表されるなど、インドの日本語教育は、日印間の経済連携を強化しようとする両国政府のバックアップを受けて拡大する見込みである。

　国際交流基金の2015年度日本語教育機関調査結果によると、インドにおける日本語教育機関数は184校あり、教師数は655人、学習者数は2万4,011人となっている。日本語教育の学習者が所属する教育機関の内訳をみてみると、高等教育（24.8％）、中等教育（20.7％）、初等教育（5.6％）、その他の教育機関（49.0％）となっている。その他の教育機関にはインド人留学生や技術研修生OBの組織する友好活動団体、日本語教育を企業内研修として行う民間企業、私塾や個人が実施しているものなどが含まれる。以下では、国際交流基金の調査結果をもとに、教育機関ごとの日本語教育の実施状況についてみてみることにしたい。

高等教育段階では、国立大学のビシュババラティ大学、ネルー大学、デリー大学、英語外国語大学、バナラスヒンドゥー大学の5校と、州立大学のドゥーン大学、バンガロール大学の2校、私立大学のティラク・マハラシュトラ大学の合計8校で日本に関する学位課程が開設されている。近年では技術専攻の学生や一般社会人を対象に、選択外国語や一般公開講座として日本語クラスを開設する高等教育機関も増えている（おもに非常勤講師が担当）。これらの高等教育機関では、国際交流基金日本語国際センターが発行する教材や自主教材などが用いられており、学位課程修了者は日本語検定試験のN3〜N2レベル、選択外国語や一般公開講座の受講者は初級前半終了レベルが到達レベルの目安となっている。学位課程修了者の多くは一般企業に就職するが、大学院に進学して日本研究を専攻する学生や日本語教師を目指す学生もいる。選択外国語や一般公開講座の受講者については、企業に就職する者や、日本語の修士課程に進学する者がいる。教員資格の条件としては、国公立大学の専任教員の場合、日本語学もしくは日本学の修士以上の学位を取得していること、インド国籍であること、大学補助金委員会が毎年2回実施する国家資格試験に合格していることがあげられる。各大学が個別に雇用する教員については、各大学の判断に任されているが、これとほぼと同じ資格が要求される。ドゥーン大学やサヴィトリバイ・プレ・プネ大学のように、国際協力機構（JICA）が派遣する日本語教師を受け入れている大学もある。

　初等教育段階では、統一されたカリキュラムや教材はないが、文化紹介を中心に課外授業として独自に日本語教育を取り入れている学校がある。中等教育段階では、2006年にCBSE試験の

選択科目の一つとして日本語が正式に採用されたことをきっかけに、CBSEに加盟するデリー近郊の私立学校を中心に約80校で日本語教育が行われている。これらの学校では、国際交流基金ニューデリー日本文化センターがCBSEの承認を得て作成した教材が使用されている。日本語教育が必修科目として実施されている学校の生徒は、前期中等教育と後期中等教育（第10学年と第12学年）修了時にCBSE試験を受験する必要がある。中等教育段階の教員資格の条件は、専任教員に関しては、原則、一般の学士号に加えて教育学の学士号（Bachelor of Education）を取得していることであるが、私立学校では学校の裁量に任されており、非常勤講師に至っては、特に資格を必要とされない。デリーの私立学校の中には、JICAが派遣する日本語教師を受け入れている学校もある。

　その他の教育機関では、日本語能力試験のN2〜N5レベルの対策講座を行う機関が多いが、日本文化の紹介を行うようなものもある。教員の資格は特に問われず、主婦や、本業を持つ者がパートタイムで教えることが多いが、企業内研修として実施される日本語クラスでは、日本人講師が招聘されることもある。

おわりに

　日本とインドは歴史的にみても良好な関係を維持してきたが、とりわけ、1990年代後半以降は、日本ではたらくインド人IT技術者が増加し、東京の西葛西に「リトル・インディア」と呼ばれるインド人コミュニティーが形成されたり、インド系インターナショナルスクールが数校設置されたりするなど（在籍者の3割を日本人が占める学

校もある）両者の結びつきはさらに強まっている。本章で紹介したような日本語教育プログラムや、科学技術分野における日本とアジアの若者の交流を目的とした科学技術振興機構の「さくらサイエンスプラン」のようなプログラムを通じて、日印の教育機関の教員・学生間の交流も進んでいる。

　ここでは今後想定される日印間のさらなる関係深化を見据えて、インド理解に役立つ教育制度の特徴を紹介してきた。インドでは急速な社会変化に応じるために、様々な教育改革が矢継ぎ早に進められており、加えて、州や学校種別によって制度や教育改革への対応のあり方が異なるため、インドの教育制度の実態を網羅的に把握することは極めて難しい。一度変更された制度が数年後に元の形態に戻るケースもあり、インドの教育制度の改革スピードと多様性には留意する必要がある。

【引用・参考文献】
1. 小原優貴『インドの無認可学校研究―公教育を支える「影の制度」』東信堂、2014年。
2. 国際交流基金ホームページ「インド（2017年度）」
   https://www.jpf.go.jp/j/project/japanese/survey/area/country/2017/india.html【アクセス日：2019年12月1日】
3. 南部広孝・渡辺雅幸「インドと中国における大学入学者選抜制度：現状と改革動向の比較的分析」『京都大学大学院教育学研究科紀要』第58巻、pp. 19-43、2012年。
4. Central Board of Secondary Education, CBSE ホームページ http://cbse.nic.in/newsite/index.html【アクセス日：2019年12月1日】
5. Dutta, Usha and Bala, Neeru, *Teaching of English at Primary Level in Government Schools*, New Delhi: National Council of Educational Research & Training (NCERT), 2012.

6. Gulati, Sushma and Pant, Daya, *Education for Values in Schools―A Framework*, New Delhi: NCERT, 2006.
7. Ministry of Human Resource Development (MHRD), Department of School Education and Literacy, *Educational Statistics at Glance*, New Delhi: MHRD, 2018.
8. Mondal, Ajit and Mete, Jayanta, "Education for Peace in the Light of NCF-2005", *Journal of Philosophy, Culture and Religion*, vol.2, pp.1-4, 2014.
9. National Association for College Admission Counseling (NACAC), *India*, n.d.
  https://www.nacacconference.org/globalassets/conference/education/international/india-secondary-school-resources.pdf【アクセス日：2019年12月1日】
10. NCERT, *National Curriculum Framework 2005, Syllabus for Classes at the Elementary Level,* vol. 1, New Delhi: NCERT, 2005.
11. Yadav, S.K., *National Study on Ten Year School Curriculum Implementation*, New Delhi: NCERT, 2011.

② ネパール

改革の只中、最適解を模索する教育政策

2015 年のカトマンズ大地震で校舎が崩壊したため即席のプレハブで学ぶ生徒たち（筆者撮影）

▼ はじめに

　ネパールは、中国とインドの2つの大国に挟まれた南アジアに位置する国土面積約14.7万平方キロメートル（北海道のおよそ1.8倍）の国で、世界最高峰のエベレストをはじめとするヒマラヤを有する国としてもよく知られている。王制が長らく続いていたが、2008年に廃止されると、2015年に公布された新憲法により正式に連邦制国家となった。人口約2,660万の国民のうち約25%の人口が貧困層であり、1人当たりのGNI（国民総所得）が750ドルであることから、後発開発途上国に位置付けられている。全人口のうち81%が農村部に居住し、73%が農業を営んでいる。また、GDPの33%を農林水産業が占めていることから、ネパールにおいて農業は重要な産業であると言える。ネパールの国土は、南側に国境を接するインドから北に進むにつれて標高が高くなり、南側から順にタライ平野（50m〜610m）、丘陵地（610m〜4,876m）、山岳地（4,877m〜8,848m）の3つに大きく区分される。このうち、山間（丘陵、山岳）地域は国土の77%を占め、国民の50%が生活しているが、その貧困率は31%におよぶ（GON 2011）。その一方で、近年におけるネパールの経済成長は目覚ましいものがあり、経済成長率はここ10年で3.9%（2008/09）から6.8%（2018/19）まで増加している（在ネパール日本大使館 2019）。ネパール政府は、2013年の国家開発計画において2022年までに後発開発途上国から脱却することや、生活水準の向上と貧困の削減を進めることで貧困率を18%まで低減することを目標としている。その経済を支えているのが海外出稼ぎ労働者による送金である。ネパールでは、ピー

ク時は毎日約700〜900人の若者が出国していたといわれ、全人口2,660万人のうち220万人が不在者人口である。2019年現在までの海外出稼ぎ労働者数は累計513万人で、年間の海外出稼ぎ者は2013/14年度52万7,814人に達したが、その後、減少傾向にある。一方で、郷里送金額が2017/18年度最高の7,550億ルピー（約7,600億円）に達し、国内総生産（GDP）の25.1%を占める（在ネパール日本大使館 2019）。

第1節　初等・中等・高等の教育制度の概要

1.　初等・中等教育

ネパールの学校教育制度は、2009年に教育基本法が改正され、学校制度が整理された結果、1〜8年生の基礎教育、9〜12年生の中等教育、高等教育（大学の専攻によって3〜5年）に区分された。義務教育期間は5歳から25歳までとされており、満5歳になると無償義務教育である初等教育1年次に入学できる。ネパールでは近年、保育園・幼稚園による就学前教育（通常1〜2年間）が盛んになってきているが、子どもに就学前教育を受けさせることができるのは、都市部の中流以上の家庭にほぼ限られている。

2009年以前の制度では、1〜5年生を基礎教育、6〜8年生を前期中等教育、9〜10年生を中等教育、11〜12年生を後期中等教育、そして大学の高等教育に区分していた。新制度に移行してからおよそ10年が経過し、改正直後の様々な混乱は収まりつつあるが、12年間一貫教育を目指す政府の目標達成は容易ではなく、依然として僻地農村部には初等教育のみの学校や10年生までの学校も存在する。これは、人口の少ない山間地ではある意

味、仕方のないことであり、中等教育を受けるために近隣の学校へ時間をかけて通学したり、もしくは、下宿生活をしたりしながら教育を受ける生徒がまだ数多くいる。

　ネパールの学校は基本的に朝10時から午後4時まで授業が行われる。1単位時間は40分で1日7時限の授業が組まれることが多い。学校の規模にもよるが、教室にはホワイトボードと3、4人が座れるベンチがあり、1教室で20〜40人が授業を受けている。これまで、教科書のみを用いた暗記中心の授業が行われてきたが、近年、インターネット上にある副教材をダウンロードして、プロジェクターを使って教室内のスクリーンに映したり、プロジェクターがない場合はノートPCの画面をそのまま見せたりして、ビジュアル化を積極的に行うようになってきている。

　ネパールでは、初等教育は無償であるため、入学率は91.8%と高いが、貧困などの理由で卒業できる子どもは67.5%にとどまっている。都市部と村落部の格差が大きく、都市部には整備された私立校があるのに対し、村落部は設備や教師が不足し、近くに学校がないため何時間も歩いて学校に通う子どももいる。出席率が低く、退学率が高いことから、中等教育への進学率は約60%にとどまり、教育の質の改善が今後の課題となっている。このような教育格差は、私立校と公立校との間にも顕著に生じている。私立校は有料であるが、各学校の授業料等には大きな違いがある。そのため、レベルの高い、より質のいい教育を受けるためには、より高い授業料を支払うこととなる。都市部の一部の富裕層の子どもが通う私立校と全体の約8割が通う公立校との間には、家庭の経済的格差がそのまま教育の格差となって表れている。粗就学率では、男子74.3%、女子73.1%と、ジェンダーによる

格差が殆どない一方で、地域別に見た場合、カトマンズなどの大都市を含む丘陵地域では、粗就学率が130.4%であるのに対し、山間地域ではその半分程度の68.8%にとどまっており、地域間格差がとても大きくなっている（Ministry of Education, Science & Technology, Nepal 2018）。

2. 職業訓練課程

　ネパール教育省は、2015年から2023年までの教育政策として「学校教育開発計画（School Sector Development Plan: SSDP）」を策定した。教育目標として、教育機会の均等化と質の向上を挙げており、中等教育において、国の経済発展に貢献する実践的な技術者の育成が戦略の一つとなっている。この「計画」策定に先立って、ネパール政府は2014年に全国の中等教育に職業訓練課程（Technical and Vocational Education stream: TVE stream）の導入を開始した。開始初年度は、99校をモデル校として5つの課程（Plant science, Animal science, Civil engineering, Electric engineering, Computer engineering）を導入した。その後、この職業訓練課程はネパール全土に急速に拡大し、2017年には、5つのプログラムの30の課程が約500の学校で実施されるようになった。内訳は、①看護、薬局、歯科を含めた11の課程を持つ保健プログラム、②電気、コンピューター、建築を含めた12の課程を持つエンジニアリングプログラム、③農業、畜産、森林、食品技術の4つの課程を持つ農業プログラム、④1つの課程を持つホテルマネジメントプログラム、⑤企業、ソーシャルモビライゼーションの2つの課程を持つ社会プログラムである（Ministry of Education, Science & Technology,

Nepal 2018)。ただし、新制度導入開始にあたり、教育現場では
カリキュラムは作成されたものの教科書はなく、専科の教員免許
制度もまだ出来上がっておらず、これから体制を整えていく状態に
ある。一方で、初等教育（8年生）修了者を対象とした既存の専
門学校である技能・技術教育訓練施設（CTEVT: Council for
Technical Education & Vocational Training）があり、両者の
教育をどう棲みわけていくかが課題となっている。

3. 高等教育

　ネパールの高等教育については、現代の制度が導入された
のが1951年の民主化以降であり、1959年にネパール初の高等
教育機関となる国立トリブバン大学が設立された。2017年の
資料では、トリブバン大学とネパール・サンスクリット大学の2校の
国立大学と、カトマンズ大学、プルバンチャル大学、ポカラ大学
など13の私立大学が記載されている（Ministry of Education,
Science & Technology, Nepal 2018）。その中で、一番長い歴
史を持つトリブバン大学は、ネパールの全大学が合計で1,407の
キャンパスを擁するのに対して、付属校60、提携校1,101の計1,161
のキャンパス（82.5%）と約28万4千人の学生を有しており、キャン
パス数及び学生数で他大学を圧倒している。一方で、ネパール
での高等教育（大学）進学率は、12.4%（2018年）にとどまっている。

▼▼▼ 第2節　外国語（英語）教育

　教育言語としては、ネパール語と英語の両方が用いられており、基本的に私立校の場合は主に英語、公立校の場合は主にネパール語で教育が行われている。一方で、多民族国家であるネパールは、123の言語を有すると言われ、マイティリー語、タマン語、ネワール語など、各コミュニティーにおいてそれぞれの言語が話されている。このことに鑑み、ネパールでは、24のローカル言語について、1〜5年生もしくは1〜2年生までは、それらの言語で書かれた教科書や教材が用意され、使われている（Ministry of Education, Science & Technology Nepal 2018）。

　ネパールにおける最初の英語教育は、1951年に王室関係者に限定してはじまったとされる。最初の大学であるトリブバン大学が設立されると、そこでは英語による教育が優先された。しかし、10年後に策定された国家教育システム計画（NESP 1971-76）では、英語教育偏重を改変する動きが現れ、政府は英語重視からネパール語重視への切り替えを決定した。その一方で、英語は都市部を中心に急速に普及した。英語教育の必要性は、ネパールの学習のあらゆる側面で重要であり、世界の他の地域との効果的なコミュニケーションチャネルを確立すると認識されているが、英語が第二言語として位置付けられているわけではない。

　英語教育は、いわゆる「英語」の授業が初等教育の1年次から行われている。公立校では、基本的にネパール語を使って授業が行われるが、中等教育からは国語（ネパール語）以外の授業はすべて英語を使って行われるようになる。一方、私立校は、初

等教育1年次から国語（ネパール語）以外は、ほとんどすべて英語を教授言語とする授業が行われている。私立校が人気を集める理由は、教育の質の高さであると同時に、英語による教育が受けられることも大きな要因となっている。この結果、富裕層の多くが、子どもを私立学校へ送るようになった現在、ネパールで高等教育を受ける若い世代の多くが英語で教育を受けた経験を持つという状況が生まれている。また、今やネパール国内でも、高い賃金が期待される職に就くためには英語能力が不可欠となっている。このことは、留学や出稼ぎの増加に拍車をかけ、海外からの送金によってネパール国内にいる家族が、子どもの教育により多くのお金をかけることができるという循環を生んでいる。

▼▼▼ 第3節　道徳教育（徳育）

　ユネスコの「万人のための教育（EFA）」活動による教育の普及にともない、農村僻地にまで裁判や人権に対する意識が高まり、ネパールの歴史や社会、文化に包含される様々な問題・課題が人々の中で明確に意識されるようになってきた。カースト制度による被抑圧民族や女性の権利の意識が徐々に覚醒し、親の相続に関して法律上は男女同一になった。しかしながら、例えば内戦中にレイプされた女性が求めた補償は裁判で不問に付されたり、新憲法の中に父親がネパール人でない子を持つシングルマザーには、母子ともに国籍を与えない条項が盛り込まれたりするなど、男性優位の社会状況は依然として残っている。また、昨今、カースト下位階層の職業にビジネスの可能性が見出されると、その事業に進出するカースト上位階層が現れてカースト下位階層の人々

の職業が奪われるなど、カースト社会の構造機能が崩れ始めてきている。一方で、生活様式の変化により、下位階層者の中にも裕福になる人々が現れ、大臣になる人まで出てきた。このよう状況の下、既存の価値観が大きく揺らぐ中で、道徳教育はよりいっそう重要視されるようになってきている。

　ネパールでは、初等教育において道徳教育が行われているが、特に6年生から8年生にかけて教科書を使った道徳教育の授業を実施している。ネパールの道徳教育では、子どもたちが美徳や道徳的な習慣を身につけ、人それぞれが良い生活を送り、同時に生産性を高め、家族や地域社会の一員として貢献できるようになることが目指されており、道徳教育は一人の子どもに役立つだけでなく、社会問題の解消と混乱の収束にもきわめて意義深いと考えられている（Shurestha et.al. 2019）。

　7年生、8年生で使う道徳教育の教科書には、「人格形成」、「人間の価値と規範」、「市民の義務と責任」、「コミュニティーの生活様式と多様性」、「規律とポジティブシンキング」の5つの章が項目立てられ、それぞれの章が定められたテーマで3回行われるような構成になっている。一例を挙げると、8年生の教科書の単元 2「人間の価値と規範」は、「真の仲間」、「自分の本当のアイデンティティ」、「普遍的な関係」の3つの課で構成されている。古典的な逸話や、友達との会話形式などを通じて、各テーマを学ぶようになっており、各課の終わりには、内容の理解度をはかるための設問が用意されている。

　実際の道徳教育の授業では、教科書を使った講義のほか、ゲームを使って道徳的なストーリーを伝えたり、社会活動に関連するプロジェクトで仕事を経験させたり、時には老人ホームや孤児院な

どでも実践的活動が行われている。また、教師は、教科書以外の追加情報を提供するなど工夫を凝らして、生徒の理解が深まるように努めている。その他、課外活動には、ヨガと瞑想を取り入れている学校も多くあり、道徳教育カリキュラムの中にこれらの活動を取り入れることが重要視されている。

◆◆◆ 第4節　高校から大学への進学にあたり参照される資料（成績表）や評価の観点

　上述した通り、2009年に新体制に移行して、初等教育8年、中等教育4年の12年間を終えてから大学に進学するが、その際に参照される試験結果や学業成績は、旧体制のやり方が依然として色濃く残っている。少々ややこしくなってしまうが、ここではまず旧体制での仕組みについて説明し、新体制での変更点を述べていきたい。

　旧体制では、5年間の初等教育、3年間の前期中等教育を終えた8年修了時に郡ごとに行われる試験（District Level Examination; 通称DLE）が実施される。その後、2年間の中等教育、すなわち10年次修了時に通称SLCと呼ばれる学校教育修了認定（School Leaving Certificate）のための全国統一試験が行われ、さらに12年次修了時に日本の高等学校卒業資格に相当する試験（Higher Secondary Education Board Examination）が実施されていた。旧体制では、後期中等教育へ進学するためのSLCの成績が重要であった。試験科目は、必修科目（英語・数学・理科と環境・社会・国語・保健）のほか選択科目I（英語・数学・人口・環境・経済・地理・歴史から1科目を選択）、選択科目II（理科・保健・教育・農業・コンピュータ・マネジメント・ホームサイエンスから1科目を選択）の計

8科目の試験を受けなければならない。科目ごとに合否判定され、1回の試験で全科目合格しないと卒業認定を受けられなかった。100点中32点以上が合格となり、不合格が2科目までであれば追試（合格点は35点）を受けることができる。合格者は全科目の合計点（800点満点）に応じて次の4段階の等級に分けられる。すなわち、Distinction（640-800）、1st Division（480-639）、2nd Division（360-479）、3rd Division（256-359）である。2000年頃までの統計では、SLC合格の全国平均が30〜50％と厳しいことがわかる。ただし、この割合は、先に触れたように都市部と農村部、公立校と私立校で大きく異なってくる。後期中等教育（ネパールでは、この2年間をカレッジと呼んでいた）進学には、このSLCの合計得点のみが利用され、成績上位者のみが希望する学校に進学することができた。

　この試験制度は新体制になった2009年以降もしばらく継続され、2016年の教育法改正を経て、2017年になってようやく現行システムに変更された。現行システムでは、8年生修了時に行われていた郡統一試験DLEから、「Basic Education Examination」（通称BEE:基礎教育修了試験）に変わり、SLCが「Secondary Education Examination」（通称SEE:中等教育修了試験）になった。SEEはSLCと試験科目が若干異なる。必修科目（Compulsory subjects）は、数学、英語、科学と環境、社会、ネパール語、健康・人口・環境教育の6科目である。選択科目（Optional subjects）は、選択数学、初級経済学、オフィスマネジメントと会計、コンピューター、教育学、選択英語、環境科学の中から2科目を選択し、計8科目の試験が行われる。また、SLCとは異なり合格・不合格の判定がなくなり、その代わりに科目ごとの得点に応じたグレード（A〜D）とそれを数値化したGPA

（Grade Point Average）で評価されるようになった（写真1）。大学受験には、このSEEの成績のほかに11年生修了と12年生修了時に行われる高等学校卒業資格試験（この試験を実施してきたHigher Secondary Education Boardは、2016年法改正によりNational Examination Board に再編されている）の成績が評価の対象となる（写真2）。その際、大学が求めるGPAをクリアする必要がある。その要件は、大学によって異なり、必須科目すべてのGPAを要求する場合や1科目のみの場合もある。その値も例えば1.6以上であったり、2.0以上であったりと、受験する大学・学部のレベルに応じて異なってくる。ただし、これらの成績は、大学ごとに行われる選抜試験のスコアを80%、SEEの成績を10%、11年・12年生修了時の卒業資格試験の成績を10%の割合で合算して再計算し、総合的に評価することとなっている。ちなみに、大学の選抜試験には足切りがあり、通常、最低40〜50%のスコアを取る必要がある。

写真2. 高等学校卒業資格試験の成績表

写真1. SEE（中等教育修了試験）の成績表

注：法改正直後の移行期（2016年）のもので、名称はSLCのままであるが、GPAが付されていることが確認できる。

出所：筆者知人提供

43

第5節　日本語教育・日本語学校

1．初等・中等教育

　公立校、私立校ともに初等・中等教育において日本語教育は行われていない。クラブ活動が充実している私立校の中には、他の言語とならんで日本語のクラブがあり、そこで日本語や日本の文化に触れているところもあるようだが、ごく限られたものになっている。

2．高等教育

　首都カトマンズにあるトリブバン大学のキルティプール・キャンパスには、国際言語学部があり、日本語を学べる。日本語学科は、戦後、1956年に日本との国交を樹立して12年後の1968年に設置されており、古い歴史を持つ。ただし、国際言語学部ではあるものの、専攻した言語で学位をとることはできず、教養課程の選択科目程度の扱いとなっている。最近、ネパール語学科で学位が取れるようになり、日本語学科でも学位が取れるようになるべく準備が進められている。日本語学科のコースは3年間で、日本語能力試験（JLPT）N3合格レベルを目指すが、できる学生はN2に合格することもある。1年目は、通常2クラス（1クラス40名）が開かれるが、3年目まで残るのは10人未満となっている。3年目の講義では、日本語上級文法の他、日本の歴史や文学史、生活文化についても学ぶ。教材には東京外語大学留学生日本語教育センター編『初級日本語』が使われており、副教材として、国際交流基金より寄贈された『みんなの日本語』も使用されている（国際交流基金 2016）。

3. 日本語学校

　ネパールにおける最初の日本語学校設立は1966年で、トリブバン大学国際言語学部日本語コースのそれよりも早い。その後の日本・ネパールの交流拡大、日本人旅行者の増大にともなう日本語学習熱の高まりから多くの日本語学校が設立されるようになった。当初、日本語学習の動機は、主として日本人観光客に対するガイドや土産物の販売等による収入向上が期待されたことによるものであった。一方、近年の日本語学習は、日本留学もしくは技能実習等で日本へ働きに行きたい人たちによって行われる傾向が一段と強くなっている。ネパールの日本語学校は、日本にある日本語学校の出資により共同経営されているケースも多く、毎年大勢の学生を日本へ派遣している。つまりは、留学ビジネスが本業で日本語学校はそれに付随するサービスと化しており、ネパールの日本留学・日本語学習はこのような背景の中にあるのが現状となっている。国際交流基金の調査によれば、2015年次の日本語教育機関数は106校、教師数376人、日本語学習者数4,262人になっている。

　ネパールには、日本語教育関係のネットワークが2つある。ネパール日本語教師協会（JALTAN:Japanese Language Teachers' Association Nepal）と日本語学校協会ネパール（JALSAN: Japanese Language School Association of Nepal）である。

　ネパール日本語教師協会は、ネパールで日本語能力試験を実施することになった際に受け入れ母体が必要になったことがきっかけとなり、1998年に設立された。当時、加盟していた学校は14校だった。2016年10月現在、19校に所属する教師118名が教師会に加盟している（国際交流基金 2016）。2001年、ネパール政府

へ登録済みであり、トリブバン大学国際言語キャンパス内に協会本部がおかれている。

　日本語学校協会ネパールは、日本へ留学するネパール人のコンサルタント業務を行う機関で、2011年に設立された。2019年現在、34の学校が加盟している。

▼▼▼ おわりに

　被援助大国であるネパールの国家政策の多くは、国際機関をはじめとするドナーの援助政策とネパールの国家計画の協調・融合を通じて、援助を効率的に、そして公正な執行を実現するため、外国からの援助方針に基づいて策定される。教育政策も同様であり、これまでに行われてきた制度改革や、中等教育における職業技術課程の導入なども、援助機関の要請に基づいて実施されてきた。これらは、ネパール政府の5カ年計画や3カ年計画に落とし込まれ実施に至るわけだが、枠組みや制度ができていても、中身が伴っていないことが多々あり、それでも制度はスタートしてしまうことから、開始してしばらくは、現場は混乱に陥る。現場の先生をはじめとする関係者は、様々な苦労をしながらもよく頑張っている。制度を作った教育省も、現場の問題点・課題を吸い上げて改善していこうとする努力が見られる。筆者自身が農業課程の教育改善プロジェクトに関わる機会を得て、そう実感した。教育省と現場の学校とのやり取りを通じて改善を重ねながら制度を完全にしていく様子は、走りながら修正点を見つけ、着地点を探しているかのようだ。はじめは面喰らうが、これがネパール流のやり方なのかもしれない。

　衛星放送はもとより、インターネットを通じて世界中の情報が手に入り、人々とつながることができる世の中となった。後発開発途上国に位置付けられているネパールであるが、先進国との間に教育格差があるとしても、ネパールの発展とさらなる制度改革等により、意外と近い将来、その格差は解消されるのではないだろうか。

【引用・参考文献】
【ウェブサイトの最終閲覧日 2020 年 2 月 28 日】

1. Curriculum Development Center,Ministry of Education Science ＆ Technology, Nepal. *Education in Figure 2017 (at a Glance Report,2018)*
2. Curriculum Development Center Ministry of Education Science & Technology Nepal, *Moral Education-Class 8-2016*
3. Government of Nepal, Ministry of Education Science & Technology Curriculum Development Center. https://moecdc.gov.np
4. Shresta,Bharat Kumar and Parajuli, Tirtha Raj 'Teaching Practices of Moral Education in Public and Private Schools of Nepal' *World Wide Jounal of Multidisciplinary Research and Development* 5 (1) . 2019, pp.1-6
5. UNESCO Institute for Statistic http://uis.unesco.org/en/country/np
6. 国際交流基金 ネパール（2016 年度）https://www.jpf.go.jp/j/project/japanese/survey /area/country/2016/nepal.html
7. 在ネパール日本国大使館『図説ネパール経済 2019』2019, pp.1-29
8. 浜田清彦「ネパールの教育・留学事情 ─海外留学ブームの中で─」独立行政法人日本学生支援機構 ウェブマガジン『留学交流』39.2014, pp.32-39

3 バングラデシュ
規律の中の多様な教育制度と価値観

バングラデシュ・チッタゴン丘陵地帯系の少数民族クミ・ムロの学校（筆者撮影）

▼▼▼ はじめに

　1971年にパキスタンから独立したバングラデシュ共和国（以下、バングラデシュ）は、高成長が続き、2019/2020年度（2019年7月〜2020年6月）は、8％台の経済成長が見込まれている。日バ関係も良好であり、在日バングラデシュ人は14,948人（入国管理局局2018）、在留邦人は946人、日系企業数は300社に到達している（JETRO 2019）。

　教育の飛躍もすさまじく、1990年の「万人のための教育（Education For All）」宣言合意以降、国際機関や他国からの支援を得て、初等教育の拡充を図ってきた。その結果、同年に僅か20.4％であった初等教育純就学率は、2018年には97.85％・修了率も81.4％と向上し、多くの子どもが学校教育にアクセスできるようになった。前期・中期中等教育の就学率は69.38％・修了率62.38％、後期中等教育の就学率は35.48％・修了率80.37％、高等教育（技術専門学校も含む）の就学率は17.62％・修了率91.22％（BANBEIS 2018）である。

　国家政策の中での教育の位置づけとしては、憲法の第17条において、国家が無償義務教育を全ての児童に提供することが明記されている。これを基に、1990年の「初等教育義務化法（Primary Education Compulsory Act）」が施行され、1998年からは多くのドナーの協力を得て「初等教育開発計画（Primary Education Development Program）」が展開されている。現在は第4次教育開発計画が2018〜2023年にかけて実施中である。

　また、バングラデシュでは1980年代から主にNGOによる初等教育のノンフォーマル教育が始まった。第二次五か年計画の目標であった4千万人の識字人口の達成に向けて、政府は1996年

にノンフォーマル教育省を設立し、2006年にはNGO等が実施するノンフォーマル学校の地方自治体登録を進めるために「ノンフォーマル教育政策」が定められた。

その後2010年に「2010年国家教育方針（National Education Policy 2010:NEP2010）」を制定、教育法に相当する包括的な法令がないバングラデシュにおいて、教育を包括的に取り扱う政策文書の役割を担っている。この中で、現在義務教育である初等教育は5年生までとされているが、8学年までに延長されることが示されている。ただし、導入時期は未定である。

他にも、2021年長期計画書（Perspective Plan of Bangladesh 2010-2021）の人材開発の項目においても教育の充実に関する目標が掲げられ、知識集約型で技術志向の男女平等を含むあらゆる差別のない教育制度の確立が目指されている。

▼▼▼ 第1節　教育制度の概要

1.　3つに大別される教育制度

バングラデシュの教育制度は5-3-2-2制であり、①普通教育課程、②技術教育課程、③マドラサ教育課程の3つに大分類される（図1）。どの課程においても、それぞれの学年ごとに進級試験、学校種ごとに修了試験があり、合格すると次の学年・学校種に進学することができる。

①の普通教育課程は、1～5年生の初等教育（Primary Education）、3課程で構成されている中等教育は、6～8年生の前期中等教育（Junior Secondary Education）、9～10年生の中期中等教育（Secondary Education）、11～12年生の後期中等教

図1. バングラデシュの教育制度

年齢	学年	段階	文系	医学系	工学系	理系(科学)	法学系	教員資格課程	技術教育課程	マドラサ教育課程
25	20	高等教育	博士(PhD)	医学博士	工学博士	博士(PhD)				
24	19									
23	18		M.Phil	M.Phil	M.Phil	M.Phil				
22	17		修士(M.A.)	医学修士	工学修士	修士MSc	法科修士	教育学修士(教育)	修士 MBA	
21	16									Kamil カミル
20	15		学士(Honors)		学士(理工)	学士BSs(理学)(技術)				
19	14			医学士(看護)		学士(技術)	法学士	教育学士修了証明(教育)	学士 BBA	Fazil ファジル
18	13		学士(Degree)							
17	12	後期中等教育 Higher Secondary Certificate: HSC		修了証明(看護)	工学ディプロマ(技術)	修了証明(技術)	法学士修了証明(法学)	教育資格	職業後期中等教育 HSC-Vocational 修了証明(技術)	Alim アリム
16	11				HSC					
15	10	中等教育						教員資格	職業訓練教育	Dhakhil ダキル
14	9		中期中等教育 Secondary School Certificate: SSC							
13	8									
12	7									
11	6		前期中等教育							
10	5	初等教育								Ebtedayi エブテダイ
9	4		初等教育							
8	3									
7	2									
6	1									Maktab マクタブ
5		就学前	就学前教育							
4										
3										

普通・技術教育課程　　　　　　　教育課程

出所：バングラデシュ教育省ウェブサイト［「バングラデシュ教育構造」］等をもとに筆者作成

育(Higher Secondary Education)に分かれている。高等教育は13年生以降であり、大学教育と専門教育に大別される。大学は、3〜4年間の学士課程、1〜2年間の修士課程、1〜3年間の博士課程から構成される。しかし、後述するが普通教育課程の中にも様々な学校種が存在しており、様々な形態の教育が展開されている。

また、中期中等教育(9年生)以降はコース制が導入され、文系・商業系・理系の中から1つを専攻することになるが、その際に②の技術教育課程を選択することも可能である。工業、建築、農業、食品、服飾等の学科が設けられており、専門的なスキルの習得が目指されている。12年生修了後は、就業の他、技術教育教員養成大学や、工科短期大学が提供する工学ディプロマ課程・学士課程に進学することもできる。

管轄官庁は初等教育とノンフォーマル教育を担当する初等大衆教育省(Ministry of Primary and Mass Education) 及び、中等・高等教育を担当する教育省(Ministry of Education)に分かれている。

③のマドラサ教育課程では、通常の学習に加えてイスラム教の宗教教育を受けることができるが、その制度により正規のアリア・マドラサと非正規のコウミ・マドラサに二分されている。

アリア・マドラサは、教育省マドラサ教育委員会が、運営から教育内容までを監督している。普通教育課程と同様の教科に加えて、アラビア語、ハディース(預言者ムハンマドの言行録)、コーラン等の宗教科目を学んでいるため、普通教育課程と比較すると授業時数が多い。普通教育課程同様に9年生時にコース制度が導入され、文系、理系、宗教系に分かれる。一方、コウミ・マドラ

サは、政府の統制が及ばない独自のイスラーム教育を、独自のカリキュラムに基づいて行っている。加盟は任意であるが、非政府組織であるコウミ・マドラサ教育委員会があり、学校の登録、シラバスの作成、試験の作成、学位の発行を統括している。学年別ではなく、科目修得により次の教育段階に進むことになる。双方の交流は薄いが、中期中等教育段階以前であれば、編入試験を経てコウミ・マドラサからアリア・マドラサ、またその逆の、アリア・マドラサからコウミ・マドラサへ移籍することが可能である（普通教育課程への移籍も可能である）。

　以上のように、3つの教育課程について述べたが、一定の決まりの下であれば、これらの教育課程を変更することも可能である（例えば、初等教育段階ではマドラサ課程、前期中等教育では普通教育課程、中期中等教育では技術教育課程のように、変更している学生は存在する）。

　なお、障害児教育（Special Education）は、2001年に定められた障害者福祉法において明記され、インクルーシブ教育、統合教育、特殊教育、巡回指導、家庭教育といった5つのタイプ別の教育支援が行われている。就学前教育に関しては、2010年国家教育政策（National Education Policy 2010）において、5歳児への1年間の就学前教育を学校教育の初段階として導入することが明記され、2011年には就学前教育段階のナショナル・カリキュラムが制定されている。

2.　多様な教育の担い手

　バングラデシュの教育は、多様な教育の担い手によって展開されている。英領時代より、住民の手によって土着の教育機関とし

て学校が始められ、その後政府が認可し運営されるプロセスが一般的である。例えば、初等教育の学校形態は政府運営の公立学校、政府に登録された登録学校、登録されていない未登録学校、NGO運営によるノンフォーマル学校、マドラサ（アリア・コウミ）、有料私立学校、その他に分類されており、正規・非正規を合わせて細分すると25種類になる（BANBEIS2018）。

　そのため、親は初等教育入学時の学校選択に慎重になるケースが多く、親戚や近所間での情報交換を行い、子どもを入学させている。また、それぞれの親が望む子どもの将来の展望によって、きょうだい間で入学させる学校をそれぞれ別にするケースもある。その一方で、入学させた学校を卒業せず転校するケースも多く、親あるいは子どもが他の学校の方が良いと感じた場合や、学費が支払えなくなった場合は、家庭内で柔軟な対応が取られている。

3.　複雑な学校暦

　バングラデシュの教育で特徴的な点として、学校暦が学習段階によって異なることが挙げられる。1〜10年生まで（中期中等教育）は、1〜12月であるが、後述するSSC（中期中等教育終了試験）が翌年2月に実施され、結果が6月に出るため、後期中等教育（11・12年生）の学校暦は7〜6月となっている。さらに、HSC（後期中等教育修了試験）は第12学年の4月に行われるが、大学入試期間が第12学年修了後のため、大学での学業開始は翌年の4月からとなる。しかし、公式には第12学年修了後すぐの7月から大学に入学したことになり、例えば4月から大学の授業の受講を開始した学生は公式には2012/2013年入学という記載を履歴書等ですることが慣例化している。

▽▽▽ 第2節　外国語（英語）教育

　バングラデシュの外国語教育は、歴史的にみるとイギリス植民地時代にさかのぼる。バングラデシュはイギリス植民地時代「インド」として統一されていたが、1813年の勅許法（東インド会社法）43条で現地語・文学の促進および西洋科学知識のインド人への普及が標榜されたことで教育の重要性が認識され、上流階級への英語教育が支援された。その後1837年に英語が行政言語となったことから、英語で授業を行う学校が急速に拡大した。

　しかし、バングラデシュ独立後は各教育機関ではベンガル語が教授言語に定められた。ナショナル・カリキュラムでは、英語教育は初等教育1年生からの学習が必修科目として位置付けられている。初等教育段階では年間185時間、前期中等教育では140時間、中期中等教育では160時間、後期中等教育では80時間の授業時間が必要である。教育省国家カリキュラム・教本委員会（National Curriculum and Textbook Board）作成の5年生向けの教科書をみると、カラーで写真や絵が使われている。文法事項は、5W1Hや助動詞が扱われ、内容はバングラデシュの自然災害や観光地の紹介等、子どもにとって身近なテーマが教材となっている。

　また、近年は英語を教授言語とするEnglish medium schoolが増加している。これらの学校では、イギリス方式（General Certificate of Education:GCE）の教育が採用され、Oレベルが中期中等教育、Aレベルが後期中等教育に相当する。GCE方式の学校として政府に登録されている学校と、British Council

の監督下で試験を実施する学校に分かれている。卒業後は海外留学を目指す場合が多いが、国内にあるインターナショナル大学に進学することもある。このような現状に鑑み、バングラデシュ政府は頭脳流出を防ぐため、SSC・HSCを英語で受験できるシステムを導入し、教育省による教科書をベンガル語だけでなく、英語でも作成している。

英語以外の外国語教育は、アリア・マドラサにおいては、アラビア語の学習がカリキュラムによって定められている。コウミ・マドラサの中には、アラビア語やペルシャ語、ウルドゥー語を教授言語としている学校も存在する。さらに、インターナショナルスクールの中には、フランス語やドイツ語等がカリキュラムに組み込まれている場合もある。

第3節　道徳（宗教）教育

バングラデシュの道徳教育は、宗教教育としてナショナル・カリキュラムに位置づけられている。バングラデシュの人口の大多数である89.1％がイスラム教徒であり、続いてヒンドゥー教徒10％、その他（キリスト教徒、仏教徒を含む）0.9％となっているが、宗教教育では、イスラム教、ヒンドゥー教、キリスト教、仏教の4つの宗教科目の教科書が用意されている。

2010年国家教育方針（National Education Policy 2010）によると、学習者のそれぞれの宗教に関する知識を与え、学生の行動の向上、生活と社会における道徳的美徳の確立、道徳の構築が目的とされ、宗教に基づいた道徳教育の日常実践がなされている。

しかし、改善すべき問題もあり、イスラム教以外の宗教の教科書も用意されているが、教員の不足等からその学校の中で宗教的マイノリティの子どもは、その学校の中で大多数を占める宗教的マジョリティの子どもの教科書を学ぶか、自学自習となる実態がある。

▼▼▼ 第4節　後期中等教育から高等教育への進学

1．バングラデシュの進級・進学制度

　バングラデシュは、教育管区が9つに区分（ダッカ・ラッシャヒ・クミッラ・ジョソール・チッタゴン・ボリシャル・シレット・ディナジプール・マドラサ）されており、それぞれの区分に教育委員会が設置され、全国統一試験（進学試験・修了試験）が各教育委員会によって作成される。開催時期および問題の出題範囲は統一されているが、問題は地域ごとに多少の違いがあり、それによって合格率や平均点に地域差が生じている。

　進学試験は、公立学校の場合には教育委員会作成のものを受験するが、それ以外の学校においては独自で作成されている。修了試験は全国統一であり、一部の学校（English medium schoolやインターナショナルスクール、コウミ・マドラサ）を除けばすべての子どもが受験をする。修了試験は各学校種の最終学年において受験するため4種類あり、5年生修了時には初等教育修了認定試験（PSC:Primary School Certification）8年生では、前期中等教育修了試験（Junior Secondary Certificate:JSC）、10年生修了時には中期中等教育修了試験（Secondary School Certificate: SSC）、11年生修了時には後期中等教育修了試験（Higher

Secondary Certificate: HSC）がある。なお、合格率は、SSC が82.2％、HSC が73.98％である。試験の結果は、A ＋〜Fの7段階に区分され、GPA（Grade Point Average）が算出される。

2. 高等教育への進学

　バングラデシュでは、高等教育へ進学するためにはSSC ／ダキル、HSC ／アリムの双方を受験し合格する必要がある。また、特徴的な事として高等教育の学士課程には、修業年限によって3年間の普通学位（Degree）と4年間の優等学位（Honors）がある。大学が提供するのは優等学位（Honors）のみであり、普通学位は単科大学のみが提供し、多くの場合高等学校に付属している。

　大学入試を受験する最低条件として高等教育へ進学するためにはSSC ／ダキル、HSC ／アリムの双方を受験し合格する必要がある。双方のGPAを合わせた点数が、入試の足切りに使用される場合が多い。また、入学試験は筆記試験のみ、あるいは筆記試験と面接との組み合わせがほとんどである。

　合格証明書は、図2のようになっておりSSC・HSC 共通して、①受験管区、②受験者・父親・母親の名前、③所属している学校、④受験したセンター名（HSCは③と④が逆になっている）、⑤⑥受験番号、⑧学校のタイプ（Regularは全日制を表す）、⑨各教科の評価・GPA が表記されている。⑦は、SSC では誕生日、HSC では選択コース（例は、文系）が示されている。

　中期中等教育および後期中等教育の成績表記法が2種類あり、「任意科目」を含むか（オプショナル）そうでないか（オリジナル）によって決まる。双方とも表記はGPA である。「オリジナル」のスコアは、各科目の（単位数×ポイント）の合計÷総単位数（履修登録単

図2. SSC（左）・HSC（右）合格証明書

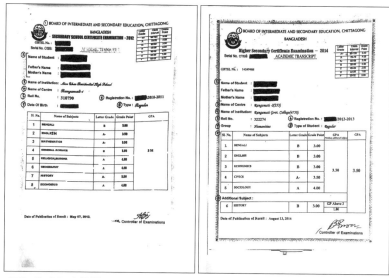

出所：筆者知人提供

位の総数）で求める。「オプショナル」の算出方法は、任意科目の
ポイントが一定の換算率で加算され、「オリジナル」と比べて高い
数値になる（ただし、最大GPAは5.0であり、5.0を上回る場合でも成
績表記上は5.0となる）。また、中期中等教育および後期中等教育
の卒業資格は「オプショナル」によって判断される。

▼▼▼ 第5節　日本語教育・日本語学校

　バングラデシュの公的な日本語教育は、独立翌年の1972年に、
在バングラデシュ日本国大使館内に日本語学校が設立されて始
まった（2010年1月に閉校）。2000年にはバングラデシュ日本留学
同窓生協会（JUAAB）、2016年には日本語教師会が設立されて

いる。2018年時点で登録されている日本語教育機関は85、学習者数は4,801人である（海外日本語教育機関調査 2018）。

　大学機関においては、ダッカ大学を筆頭に日本語教育が実施されている。ダッカ大学においては、1973年に国際関係学部の外国語履修科目として日本語が導入、1974年には現代言語研究所が設立され、日本語学習4年コース（学位取得不可）が開設された。さらに2006年からは日本研究センター（JSC）で日本研究修士課程に日本語初級前半コースが（2017年より日本研究学科に移行）、2008年に国際関係学部で新たに学部内独自の日本語教育が行われ、2016年からは現代言語研究所で学士号取得コース（Bachelor in Japanese Language and Culture）が設立されている。

　他の大学では、1996年にラジシャヒ大学、1997年にジャハンギノゴル大学、2002年にクルナ大学、2009年にスタンフォード大学（私立）、2011年に、国立チッタゴン工科大学に日本語コースが開設されている。

　また、2019年より、日本への技能実習生の送り出し機関が13機関に増加したことに伴い、日本語教室・学習者数は増加傾向にある。日本人やベンガル人が運営する従来型の日本語教室の他にも最近では、IT人材を対象として実施する日本語教育も注目されている。例えば、独立行政法人国際協力機構（JICA）のB-JET（Bangladesh-Japan ICT Engineers' Training Program）、日系企業であるVenturasでは日本語能力習得後に日本で就職を目指す学習者を対象とした教育を実施しており、修了者の大多数を日本で就職させることに成功している。

　日本語能力試験は2001年から実施されており、最近の受験者数は2016年が18名、2017年が946名である。

◆◆◆ おわりに

　バングラデシュは多様な教育を展開し、教育の量的拡大を進めてきている。南アジア全体を見ても教育の時代に入った今日、多くの世帯は子どもの教育に対して質の高さを求めはじめ、政府や国際機関も質の向上へと政策を移行している。その一方で、ラスト10％と称されるスラム等に暮らす最貧困層、国境付近や山岳地帯といった辺境地在住、少数民族・少数言語・障害を持つ子どもといった、マイノリティの立場にある人々が教育にアクセスできていない現状があり、「誰も取り残さない教育政策」を今後も展開していく必要性がある。また、学校教育が修了した後の就業を巡っては就職先が不足しており、就職困難や、学歴に見合った就職ができないことが若者の悩みとして挙げられている。教育と労働の接続もまた課題である。

【引用・参考文献】
1. 押川文子・南出和余『「学校化」に向かう南アジア―教育と社会変容―』昭和堂、2016 年。
2. 国際交流基金「バングラデシュ（2017 年度）」日本語教育国・地域別情報 https://www.jpf.go.jp/j/project/japanese/survey/area/country/2017/bangladesh.html（2019 年 12 月 30 日閲覧）
3. 独立行政法人 国際協力機構『バングラデシュ国 教育プログラム準備調査 準備調査報告書』2019 年。
4. BANBEIS. Bangladesh Education Statistics 2018. https://data.banbeis.gov.bd/（2019 年 12 月 30 日閲覧）
5. JETRO（日本貿易振興機構）「バングラデシュ　概況」https://www.jetro.go.jp/world/asia/ba/basic_01.html（2019 年 12 月 25 日閲覧）
6. Ministry of Education Government of the People's Republic of Bangladesh, *National Education Policy* 2010, 2010.

4 トルコ

世俗主義とイスラームの狭間で

アタテュルクの肖像画とともに学ぶ教室（筆者撮影）

▼▼▼ はじめに

　トルコの学校では、至るところでトルコ共和国の初代大統領ケマル・アタテュルクの姿を目にする。教室にはアタテュルクの肖像画が必ず飾られているし、全学年・全教科の教科書の冒頭にもアタテュルクの肖像画が1ページを用いて掲載されている。

　アタテュルクがトルコ共和国の原則とした世俗主義は、教育にも大きな影響を与えてきた。1923年のトルコ共和国成立後、世俗主義に沿ってイスラームに関する教育は廃止されたものの、1950年前後から国民の要望によってイスラームに関する教育は復活し、宗教指導者養成を目的とするイマーム・ハティプ校（中学校・高校の中等教育機関）が設立され、公立学校にも「宗教文化と道徳」の授業が導入された。

　これ以降、イスラームに関する教育を巡って世俗主義勢力とイスラーム主義勢力が対立し、イスラーム主義勢力が政権与党となった時はイマーム・ハティプ校優遇政策をとり、それに対して世俗主義勢力である軍部がイマーム・ハティプ校を抑止する介入を行うことが繰り返されてきた。その結果として、「宗教文化と道徳」の必修化（1982年）、イマーム・ハティプ中学校の拡大・廃止（1997年）・再開（2012年）とそれに伴う義務教育期間の延長（1997年に5年間から8年間に、2012年に12年間に）など、様々な改革がなされてきた。

　イスラームに関する教育を巡る対立が教育全体に大きな影響を与えるという状況は、日本では考えられないことだが、イスラム教徒が国民の圧倒的多数を占める国家でありながら世俗主義を

国家原則としたトルコでは、イスラームと世俗主義を巡る問題が国全体の重要な関心事となりつづけてきたのである。

第1節　教育制度の概要

　トルコの教育制度は、小学校4年、中学校4年、高校4年、高等教育2〜6年から構成され、2012年以降は小中高の12年間が義務教育となっている(それ以前の義務教育は8年間)。トルコ教育省(MEB)の統計によると、2018年度の純就学率は、小学校91.9%、中学校93.3%、高校84.2%、高等教育44.1%である。

　中学校は、普通中学校とイマーム・ハティプ中学校の2系統に大きく分かれ、イマーム・ハティプ中学校の生徒数の割合は、中学校全体の13.5%を占める。

　高校は、普通科高校と職業科高校の2つに大きく分かれ、生徒数の割合は普通科高校57.5%、職業科高校42.5%である。普通科高校にはアナトリア高校(普通高校)・科学高校などがあり、職業科高校には職業技術高校・イマーム・ハティプ高校などがある。普通科高校で最も生徒数が多いのはアナトリア高校で、職業科高校で最も生徒数が多いのは職業技術高校である。イマーム・ハティプ高校は職業科高校全体の生徒数の約4分の1を占めている。

　私立学校の児童生徒の割合は、小学校5.0%、中学校6.0%、高校10.3%である。高校と高等教育では通信制学校に在籍する者も多く、高校では24.6%の生徒が通信制高校に在席している。

▼▼▼ 第2節 外国語（英語）教育

　トルコの外国語教育は、小学校2年生から始まる。外国語は、英語、ドイツ語、フランス語、アラビア語の中から選択し、小学校では週2時間、中学校では週3～4時間が必修となっている（表1）。トルコはイスラム教徒が国民の圧倒的多数を占める国だが、アラビア語が必修外国語の選択肢として加わったのは2016年度からである。イスラームと関係の深いアラビア語が長らく必修外国語になっていなかったのは、国家原則である世俗主義との関係である。

　トルコの英語の教科書には、日本も何度か登場する。例えば、小学校4年生の教科書の「NATIONALITY」という単元では、フランス・イギリス・日本・アメリカ・ロシア・ドイツの7か国が扱われている。また、第8学年の「IN THE KITCHEN」という単元でも、テクスメクス・インド・トルコ・イタリア・日本・アメリカの料理が扱われている（日本は寿司）。

　高校の授業科目・時間数は高校種別によって大きく異なるが、最も生徒数が多い普通科高校のアナトリア高校の授業時数は、第一外国語が週4時間、第二外国語が週2時間必修である（表1参照）。外国語の授業時数は、他の普通科高校でも、基本的に、アナトリア高校と同じである。職業科高校では、第二外国語が必修ではない高校が多いが、イマーム・ハティプ高校ではアラビア語ともう1つの外国語が必修である。

　中学校・高校では、必修科目としての外国語以外にも、選択科目として外国語を学ぶことも可能であり、選択科目としては、英語、ドイツ語、フランス語、アラビア語、ロシア語、中国語、スペイン語、

表1. 小学校・中学校・高校の科目と週当たり時間数（2018年）

科目＼学年	小学校				中学校				アナトリア高校			
	1	2	3	4	5	6	7	8	9	10	11	12
必修科目												
トルコ語	10	10	8	8	6	6	5	5	5	5	5	5
外国語		2	2	2	3	3	4	4	4	4	4	4
第二外国語									2	2	2	2
宗教文化と道徳				2	2	2	2	2	2	2	2	2
数学	5	5	5	5	5	5	5	5	6	6		
生活	4	4	3									
科学			3	3	4	4	4	4				
社会				3	3	3	3					
歴史									2	2	2	
地理									2	2		
物理									2	2		
化学									2	2		
生物									2	2		
哲学											2	2
共和国革命史とアタテュルクの原則								2				2
芸術	1	1	1	1	1	1	1	1	2	2	2	2
音楽	1	1	1	1	1	1	1	1				
体育	5	5	5	2	2	2	2	2	2	2	2	2
テクノロジーとデザイン						-	2	2				
交通安全			1						1			
情報技術とソフトウェア					2	2	-	-				
キャリア指導						-	-	1				
人権、市民権、民主主義				2								
必修科目計	26	28	28	30	29	29	29	29	34	35	21	19
選択科目計					6	6	6	6	5	4	18	20
自由活動	4	2	2									
ガイダンス									1	1	1	1
合計	30	30	30	30	35	35	35	35	40	40	40	40

出所：MEB, *Haftalık Ders Çizelgeleri*.
http://ttkb.meb.gov.tr/www/haftalik-ders-cizelgeleri/kategori/7
(2019年12月28日閲覧) をもとに筆者作成

イタリア語、日本語が設定可能である。選択科目としての外国語は、どの学校でも選択可能ではなく、例えば、日本語を提供している高校は6校のみである。

　中学校・高校の選択科目は、外国語の領域以外にも、宗教、言語、科学と数学、芸術とスポーツ、社会科学などの領域が設定されている。選択科目の時間は、中学校では各学年6時間、アナトリア高校では学年順に5、4、18、20時間となっており、高校3・4年生（第11・12学年）では選択時間が急増する（表1参照）。ただし、高校の場合、高校種別によって、選択科目の時間設定は大きく異なる。例えば、アナトリア高校と同じ普通科高校の科学高校の選択科目の時間は、学年順に3、3、3、4時間であり、アナトリア高校に比べて選択科目の時間は大幅に少ない。これは、科学高校では、科学に関係する授業内容（数学、物理、科学、生物）が高校3・4年生でも必修になっているからである。

◢◣◥　第3節　道徳教育

　トルコで道徳教育の役割を担うのは、「宗教文化と道徳」という授業である。表1の通り、小学校4年生から週2時間行われている。この授業は、1982年以降、必修科目となっている。

　この授業の教科書は、クルアーンやハディースからの引用が多用された内容になっており、明らかにイスラム教徒を対象とした宗教教育である。しかし、イスラームの教えそのものを教えるというよりも、むしろ、イスラームを題材に現代においても必要な道徳を教えることに重点が置かれている。

　例えば、ムハンマドについて扱った単元では、ムハンマドの生

涯それ自体を知識として学ばせるという形態ではなく、ムハンマド
が示した態度を模範として現代に通じる徳目を学ばせる形態をとっ
ている。例えば、「他者に相談しながら事を進めた」という単元で
は、「相談する者は決して後悔しない」というムハンマドの言葉を
引用した後で、「現代においても相談することは必要不可欠である。
（中略）ある問題を1人ではなく、数人で考えれば、様々な角度か
ら検討することが可能になり、失敗は最小限にとどめられる」と述
べられている。この単元で模範とされるムハンマドの態度は、「人
間の価値を認めること」「信頼されること」「寛容であること」「学
問を重視すること」「他者と相談すること」「慈悲深いこと」「勤労
と助け合い」「忍耐と勇気」「時間を有効に使うこと」「権利を守る
こと」「自然と動物を愛すこと」であり、これらはいずれも現代にお
いても大切とされることの多い徳目である。

　また、特に現代的な例としては、クルアーンの引用をもとに、「自
分の行為の責任は自分にあることを認識して、責任を負えない行
為は避けるべきである」と説明した後で、その代表的な例として「交
通事故」が挙げられている点である。ここでは、交通事故の責任
は自分が負わねばならないことが明言され、速度超過や飲酒運
転などをせずに交通法規を守ることの重要性が述べられている。

　さらに、世俗主義の重要性も強調されており、世俗主義が信教
の自由を保障するとともに、他宗教に対する敬意と寛容の基盤に
なると説明されている。また、「宗教は不変だが、宗教理解は可
変である」として、異なる宗教解釈があることは豊かなことだと述
べ、宗教理解の多様性を肯定的に説明している（宮崎 2012年、
169～170頁）。

　トルコではこのような「宗教文化と道徳」の授業が行われているが、

この授業では、イスラム教徒としての教育には不十分と考える国民も多く、そうした国民のニーズに応える形で発展してきたのがイマーム・ハティプ校である。イマーム・ハティプ校は宗教指導者養成を本来の目的として設置された公立校であるが、実際には、宗教指導者を目指さない者も普通学校のオルタナティブとして選択している。実際、中学校段階の普通学校とイマーム・ハティプ校の授業科目を比べてみると、普通学校の必修科目は全てイマーム・ハティプ校でも必修科目になっており、イマーム・ハティプ校では「クルアーン」「アラビア語」「ムハンマドの生涯」(それぞれ全学年で週2時間)、「宗教の基礎知識」(6年生と7年生で週1時間)の4科目を必修としているのが違いである。なお、イマーム・ハティプ校の高校段階になると、イスラーム関係科目は科目数・時間数ともにかなり増える。

▼▼▼ 第4節　大学入試と高校の成績

　トルコの大学入試制度は非常に中央集権的で、大学入試センター(ÖSYM)が行う統一試験(YKS)によって、全高等教育機関の合格者が決定される。高等教育機関に進学を希望する者は全て統一試験を受験する必要がある。統一試験は5択のマークシート式試験である。

　この統一試験においては、学力試験の結果だけでなく、高校の成績も点数化されて利用される(OBP)。高校の卒業証書には、高校で単位取得した全科目の平均点(Diploma Notu)が、100点満点で記載されており、これを5倍した数値が統一試験で用いられる点数(OBP)になる。なお、職業科高校卒業生が、高校に対応した大学の学部に進学を希望する場合は、OBPにかける

係数が有利になる仕組みになっている。OBPにかける係数は、対応する学部の場合は0.18、対応しない学部の場合は0.12である。例えば、イマーム・ハティプ高校の卒業生で卒業証書に記載された平均点が80点の者が、神学部（対応学部）に進学する場合は、72点（80x5x0.18）、医学部（非対応学部）に進学する場合は、48点（80x5x0.12）となる。

この係数は、様々な要因によってこれまで何度も変更されているが、以前（2004年）に比べると、対応学部か非対応学部かによる係数差は縮小されている。この係数の変更にも、イマーム・ハティプ校が関係している。イマーム・ハティプ校の卒業生が神学部以外の学部に進学しやすくなれば、宗教指導者にならない者もイマーム・ハティプ校を選択しやすくなるためである（ÖSYM、pp.31-32 宮崎、2005年、195～197頁）。

以上のように、統一試験によって全高等教育機関の合格者が決定されるという、非常に中央集権的な大学入試制度がとられていることがトルコの特徴である。高校の成績は平均点のみが考慮されるため、高校の科目ごとの成績は考慮されない。ただし、職業科高校の卒業生の場合は、対応した学部を志願する場合には加点される。つまり、どの高校で学んだかは考慮されるものの、どの科目で良い成績（あるいは悪い成績）をとったかは考慮されないシステムになっている。高校でどの科目を良く学んだかではなく、どの高校で学んだかが重視されるのがトルコの大学入試の特徴である。

なお、第2節で述べたように、高校での選択科目の設定方法は、高校種別によって大きく異なる。どの種別の高校を卒業したかによって、高校で学ぶ内容が大きく異なるため、どの高校で学んだかを

重視するのも一理ある。ただし、アナトリア高校のように選択科目の授業時数が多い高校の場合は、どの科目を選択して何を学んだかは卒業生によって大きく異なり、こういった高校での学習を評価する場合、どの科目を選択しているかに注目する必要がある。

◆◆◆ 第5節　日本語教育

　国際交流基金『海外の日本語教育の現状　2015年度日本語教育機関調査より』によると、トルコの2015年度の日本語教育機関数は42機関、教師数は87人、学習者数は2,194人となっている。いずれも中東地域の中では最大で、中東地域の日本語学習者総数（4,054人）の54.1％をトルコが占めている。学習者は、高等教育機関が中心で1,462人、初等教育15人、中等教育262人、その他の教育機関491人である。

　2017年10月時点で6中等教育機関、19高等教育機関で日本語教育が行われている。中等教育・高等教育ともに、外国語の選択科目として日本語教育が行われているケースがほとんどだが、高等教育においては、日本語日本文学専攻または日本語教育専攻の学生が在籍する大学が4大学ある。この4大学以外にも日本語日本文学科が設置されている大学はあるものの、当該分野の博士号所有教員が規定数に達していないため、学生の受け入れがなされていない。大学院があるのは、アンカラ大学（博士、修士課程）、エルジェス大学（修士課程）の2大学である。

　トルコの高等教育における日本語教育は、1986年にアンカラ大学で日本語日本文学科を設置されたことから始まり、その後、選択科目としての日本語を開講する大学が増え、日本語学習者は

着実に増加していった。また、オンライン学習サイトなどを利用し、独学で日本語を学んでいるという人も少なくない。

　2016年には、トルコ国内で日本語教育に従事する教育者や研究者が統一的な団体のもとで一丸となり活動を行うことを目的に、土日基金文化センターの傘下組織として、日本語・日本文化研究・応用センター（JADKAM）が発足している。

　こうした日本語教育の拡大の理由として挙げられるのは、一般的に親日感情が強く日本や日本人に対して良いイメージを持っていること、日本語ガイドをはじめとする観光関連業への就職を目的としていること、アニメや歌、コンピューターゲームといった日本のポップカルチャーが流入したことである（国際交流基金、トルコ（2017年））。

▼▼▼ おわりに

　トルコは親日国であり、教科書には日本が何度も登場し、中東最大の日本語学習者を有する国である。グローバル化の進展に伴い、日本人側も、これまで以上にトルコのことを知り理解していくことが今後いっそう重要になってくる。

　本章で見たように、トルコの教育は、世俗主義とイスラームの問題によってさまざまな影響を受けてきた。世俗主義とイスラームは対立の図式で捉えられることも多く、確かに、世俗主義を国家原則としたことで様々なねじれや矛盾を抱えてきたことも事実である。しかし、イスラーム圏においてトルコは、最も世俗主義について考える必要性に迫られた国ともいえ、信教の自由や他宗教への敬意と寛容といった世俗主義の意義についても、授業で学んでいる。

2000年代のイスラーム主義政権の長期化に伴って、イスラーム主義が勢力を拡大し続けている状況だが、多宗教の共存が求められる時代だからこそ共和国成立当初以上に世俗主義の持つ意味は大きくなっている。その意味では、トルコ人が世俗主義とイスラームの両方を大事にし続けられるかについては、今後、慎重に見守っていく必要がある。

【引用・参考文献】

1. 国際交流基金『海外の日本語教育の現状　2015 年度日本語教育機関調査より』2017 年
   https://www.jpf.go.jp/j/project/japanese/survey/result/dl/survey_2015/all.pdf（2019 年 12 月 28 日閲覧）
2. 国際交流基金「トルコ（2017 年度）」
   https://www.jpf.go.jp/j/project/japanese/survey/area/country/2017/turkey.html（2019 年 12 月 28 日閲覧）
3. 宮崎元裕「トルコの大学入試における高大接続－高校教育の多様性を考慮した画一的な大学入試－」『比較教育学研究』第 31 号、2005 年、193 〜 211 頁。
4. 宮崎元裕「多文化時代の宗教教育－トルコの『宗教文化と道徳』の教科書を事例に－」『京都女子大学発達教育学部紀要』第 8 号、2012 年、165 〜 174 頁。
5. MEB(Milli Eğitim Bakanlığı), Millî Eğitim İstatistikleri.
   http://sgb.meb.gov.tr/www/resmi-istatistikler/icerik/64
   （2019 年 12 月 28 日閲覧）
6. ÖSYM（Ölçme, Seçme ve Yerleştirme Merkezi Başkanlığı）,
   2019 Yükseköğretim Kurumları Sınavı (YKS) Kılavuzu.
   https://www.osym.gov.tr/TR,15616/2019--yuksekogretim-kurumlari-sina-vi-yks-kilavuzu.html（2019 年 12 月 28 日閲覧）

5 アラブ首長国連邦

国際化した社会における待ったなしの教育改革

ドバイにおける国際バカロレア認定校（筆者撮影）

▽▽ はじめに

　アラブ首長国連邦(UAE)は中東湾岸地域に位置する、1971
年に英国から独立した、7つの首長国(アブダビ、ドバイ、シャルジャ、
アジュマン、ラアス・アル＝ハイマ、ウンム・アル＝カイワン、フジャイラ)から
構成される連邦制国家である。経済発展が進むドバイが最も知
名度が高いと思われるが、首都はアブダビ市である。原油が採掘
され、裕福な国家として有名である一方、近年は知識基盤社会
の形成を進めるために、積極的に外資企業を受け入れることを通
して中東の経済ハブとしての発展を目指している。また、憲法には
「イスラームを国家の公的な宗教とすること」、「イスラームのシャリー
ア(イスラーム法)がUAEにおける法令の第一の源泉となること」、
「国家の公的な言語はアラビア語とすること」と規定されているよ
うに(UAE The Cabinet 2013)、イスラームやアラブの特色が強
い国でもある。しかし、急速に進行する経済発展は外国人労働
者に大きく依存しており、結果として全人口約980万人(2020年)
のうち、UAE人はわずか10％に過ぎないという、極端に国際化
が進行した社会を形成している。このような特徴的な社会を持つ
UAEでは、どのような教育制度が整備されているのだろうか。また、
日本とどのような関係を構築しようとしているのだろうか。

▽▽ 第1節　初等・中等・高等教育制度の概要

　学制は、基本的に単線型であり、幼稚園から第12学年までの
一貫した制度になっているが、各学校段階の年限は頻繁に変更

が加えられている。従来は連邦全体としては基本的に6·3·3·4制とされ、初等教育は6〜11歳の6年間であった。しかし各首長国によって年限を設定することが可能であり、例えばアブダビでは、2000年度以降は第1学年から第5学年までを第1サイクル（初等教育に相当、6歳で入学）、第6学年から第9学年までを第2サイクル（前期中等教育に相当）とし、この9年間が義務教育とされた。また、第3サイクル（後期中等教育に相当）は15歳から17歳までの3年間とされ、1年間の共通科目を履修したのち、2年目以降は文系か理系のコースを選択することとなった（中島 2018、4）。

　そして2018年度には、連邦教育省が連邦全体の公立学校を対象に、学校段階について新たな変更を加えている。サイクル1（基礎レベル:Basic）は初等教育に相当し、第1学年から第4学年となった。また、サイクル2（中間レベル:Intermediate）には第5学年から第8学年が対応し、そしてサイクル3（中等レベル:Secondary）として第9学年から第12学年までが設定された。これらの段階を修了すると高等学校の修了証が授与され、それにより12年間の義務教育を終えたことが示されることとなった。

　こうした変更に加え、2015年以前は公立学校において、理系·文系のどちらかを選択する制度であったが、連邦教育省はこれを廃止し、現在では「一般ストリーム（General stream）」「職業ストリーム（Professional stream）」「先端ストリーム（Advanced stream）」「エリートストリーム（Elite stream:先端理系プログラム）」の4つに組み替えられている。すべての生徒は第1学年では一般ストリームで学ぶが、生徒の希望や成績に基づいて、一定の学年からストリームを選択することになる。第8学年を終えた時点で、生徒は職業ストリームを選択できるが、そのストリームの第9〜12

学年で学ぶことで技術高等学校に相当する学校の修了証を得て、応用的な知識と実践的な技能を獲得したことをが示される。一方、第9学年を終えた時点で一般ストリームに所属する学生は、成績に応じて先端ストリームへの所属を選択することができ、一般的に第10〜12学年をそのストリームで継続することになる。これらのストリームは特に理系科目の幅が異なっており、先端ストリームの生徒は数学・科学においてより深い指導を受ける。最後に、エリートストリームは学術的に突出した生徒のために整備されたものであり、第6学年から第12学年と長期間にわたり所属することになる。特に、数学と科学に焦点を当てて、分析、推論、問題解決といった能力を向上させることを目的としている（Government. ae. 2018）。このように、主に理系の学習を強化するため、積極的に教育制度改革を進めている状況が見て取れる。

▼ 第2節　外国語（英語）教育の状況

　前述の通りUAEは、国民の人口が全人口のうち約10％程度にしか過ぎないという、極端に国際化した社会を形成しており、欧米諸国から来たビジネスマンとともに、インド人やパキスタン人、フィリピン人といった出稼ぎの外国人労働者が多く在住している。そのため、公用語はアラビア語であるが、英語が広く通じる社会となっており、日常的に使用されていることから、英語教育も非常に重要な位置づけを占めるようになっている。

　UAEでは、英語教育は初等教育第1学年から開始されるが、上記のような社会環境から多くの幼稚園でも英語教育が実施されている。UAEを構成する首長国の1つであるアブダビでは、英

語や科学・数学の授業は、英語を話す国ぐにから雇用された英語を母語とする教師や、IELTSで6.5以上のスコアを持つUAE人の教師によって英語で教えられる。その一方、社会科や音楽、アラビア語、イスラーム学習といった科目は、基本的にアラビア語話者の教師によってアラビア語で教えられる（Beker 2016、287-290）。

　加えて、アブダビでは、ECART（English Continuous Assessment Rich Tasks）と呼ばれる枠組みが、政府機関であるアブダビ教育評議会（2017年にアブダビ教育・知識局に改組）より2011年に導入された。この枠組みはアブダビの中学生・高校生の英語の学習能力を向上させることを目的として、生徒中心の環境、探求を基盤とした学習、批判的思考能力、文化・遺産の背景の理解といったことを促進するように設計された。教科書は定められておらず、教師は自らテーマやテキストを設定し、生徒の学びを導くファシリテーターとしての役割が求められた。しかし、ECARTが導入される前には、UAE人の教師は規定されたカリキュラムや教科書を使用していたため、「読む」「書く」「聞く」「話す」といった伝統的な手法に慣れていた者からは、こうした新しい教育方法に戸惑う声も聞かれたという（Al-Alili 2014、103-111）。

　高等教育段階では、特に理系学部では英語で教育が行われることが多いが、入学段階における英語の習熟度も課題になっている。2016年まで実施されていた、3校の連邦立大学と一部の公立高等教育機関によって活用されていた共通入学試験である「共通教育習熟度評価（Common Educational Proficiency Assessment:CEPA）」では、英語と数学、アラビア語の試験が実施され、正規の学士課程入学の基準に満たない点数を獲得した場合、各大学に設置されている学士課程前の「基礎プログラ

ム(Foundation Program)」に配属されていた。CEPAが導入
された2003年には、英語の試験で学士課程への入学に十分な
能力があると認定された者は383人であったが、それが2015年
には4,970人となり、13倍の増加を示している。また、基礎プログ
ラム自体も習熟度別に3つのコースがあったが、その中でも最も習
熟度の低いコースに所属する学生数は減少しており、2015年に
は制度開始時に比べて3分の1になったという[1]。こうして高等教
育への進学に必要となる英語力は時間をかけて改善が試みられ
てきたが、それでも基礎プログラムに所属せざるを得ない学生が
一定数存在していることから、国際化や知識基盤社会に対応す
るために必要な英語力を持つ人材の育成に奮闘している状況が
見て取れよう。

▼ 第3節 「道徳教育」科目の導入

　2016年7月27日に「2017年9月より、UAEのすべての公立・私
立学校において道徳教育(Moral Education:al-Tarbīyah al-
Akhlāqīyah)が正規科目として導入される」ことが政府から発表
された。多くのイスラームの国々ではイスラーム学習を通じて道徳
的素養を育んでいるが、UAEで新たに導入された「道徳教育」
では、公立・私立学校問わずすべて同じ内容の道徳教育が実施
されることとなった。このことは、公立学校では基本的に連邦教
育省のカリキュラムに従っている一方、私立学校は米国や英国、
国際バカロレアなど、教育省以外のカリキュラムに従っている場
合が多いが、これらのどのような学校に対しても、同じ「道徳教育」
の科目が導入されることを意味している。この新しい「道徳教育」

は、公立学校や、教育省のカリキュラムに従っている私立学校ではアラビア語で提供され、その他の私立学校では英語で提供されることになるが、私立学校についてはアラビア語での科目の提供を選択することもできる。

カリキュラムは、特別に設置された「道徳教育委員会」によって作成されたが、そこにはアブダビ皇太子府、連邦教育省、アブダビ教育評議会、ドバイ知識人材開発庁、アブダビ観光文化庁が含まれている。Al-Hammadi連邦教育大臣（当時）は「新しい道徳教育のカリキュラムは、教育における本当のマイルストーンを表すものである」「1つのカリキュラムが、すべての国籍・年齢の生徒の幸福について、これほど巨大な多様性や豊富な内容を示したことはこれまでなかった」と述べていることから、その科目の総合性や内容の多様さに対する認識が見て取れる。

「道徳教育」では、「人格と道徳性」「個人とコミュニティ」「公民学習」「文化学習」の4つの柱が設定されている。プログラムは第1学年から第12学年までの12年間にわたって、66個の一連のユニットから構成されている。内容の構成を見てみると、第1学年から第4学年にかけては「人格と道徳性」「個人とコミュニティ」「文化学習」を中心に、【思いやりと共感】【思慮深さ、協働】【私と私の家族】【フレンドシップ】といった主として個人の内面形成に関わるものが多く見られる。さらに【読み聞かせを通したUAE遺産の発見】【UAEの文化の理解】といった、UAEの文化・遺産に関する内容も設定されている。第5学年から第8学年にかけては、「人格と道徳性」において共感や平等・正義、義務・責任、尊重・寛容といったより抽象的な概念とともに、「個人とコミュニティ」ではスポーツやICTに関する事項など、より現代的なテーマを扱

うようになっている。また「文化学習」の代わりに「公民学習」の内容が2学期にかけて集中的に行われるようになっているが、そこでは家族や血縁関係、文化交流、ガバナンスといったUAE社会や政治の基礎的事項についての内容が見られる。そして第9学年から第11学年では、各学年で2学期後半以降は公民学習が集中的に行われることに加え、文化の普遍性や関係性、グローバル倫理、グローバル経済、グローバルな市民性など、世界的な視野を涵養するテーマとともに、これまでの活動を振り返りつつ人生全体を見通すことを目指した内容も含まれている(UAE Ministry of Education 2017、5-15)。

▽▽▽ 第4節 高校から大学への進学にあたり参照 される資料(成績表)や評価の観点

　まず、UAEにおける大学進学に必要な資料を見る前に、そもそも大学入学者選抜においてどのような基準が適用されるのかを概観する。2013年時点で、UAEには3校の連邦立大学以外に78校の公立・私立高等教育機関が展開しているが、連邦立大学の1つであるUAE大学では表1のように記載されている。特に理系学部に入学するための基準が設定されており、第12学年で発行される修了証の中で数学や物理・化学といった科目において一定の成績を収めることが明記されている。また、修了証の他にもIELTSやTOEFLといった英語の民間試験の点数も参照される。これらの点数が足りない場合には、先述の通り正規課程に入るのに必要な英語・数学の力をつけるための基礎プログラムに入学することも可能である[2]。

　必要書類として「高校の修了証の原本または、12学年の修了

表1. UAE 大学における入学基準

○	第12学年の修了証のうち最低でも80%が必要とされ、もし医学・健康科学部に申請するのであれば、90%が必要となるだろう。加えて、工学部・情報科学部は、申請者に対して、先端トラックの第12学年修了証試験において、数学で最低でも80%および、物理、化学または科学のいずれかにおいて80%を要求する。また、一般トラックにおいて、高等学校修了証試験のために、数学で90%を獲得し、物理、化学、科学の3つの科目のうちの1つにおいて、平均で最低でも90%を獲得する。またはそれと同等のもの。
○	理学部、農業食品学部への仮入学には、生徒が一般トラックにおける第12学年修了証試験において、数学、物理、化学、科学のいずれかにおいて平均でも最低70%を獲得することを要求する。
○	IELTS(Academic)で5.5、またはTOEFL(ITP)で525、またはTOEFL(iBT)で70を保持している学生は、UAE大学に直接入学できるだろう。
○	大学への仮入学のためには、生徒はEMSATの英語試験で1100かそれ以上の点数を取得しなければならない。
○	英国システムで学習する生徒は、Oレベル(Ordinary)において5科目+ASレベル(Advanced Subsidiary)またはAレベル(Advanced)において2科目取得することを求められ、それらの成績は、すべての7科目において「良(good:C)」またはそれ以上でなければならない。

出所：United Arab Emirates University. "United Arab Emirates Citizens and Children of National Mothers."
https://www.uaeu.ac.ae/en/admission/children_of_national_mothers.shtml(2019年9月7日取得)

証の真正の原本」を提出することが求められるが、このほかにも「有効なパスポートのコピー」「国民ID（UAE人生徒のみ）」「UAEの身分証明書のコピー」「UAE国籍の母親の子どもの場合、母親の有効なパスポートのコピー、母親の国民ID、母親の身分証明書」が求められる。UAEの国籍法では「国民の定義」の1つに「法律によってUAE国籍を保持する母親から生まれ、父親が不明もしくは国籍不保持の者」があり（堀抜 2009、91）、自身の国籍を証明する明確な根拠を提示するのが重要であることが見て取れる。加えて、連邦教育省のカリキュラム以外の教育（米国や国際バカロレアなど）を提供している学校の修了証については、それらがUAEのカリキュラムと同等であることを示す「同等性証明書」を連邦政府もしくは首長国政府から発行される必要があり、UAE大学を志望する際にもこの証明書を提出することが求めら

図1. UAE 成績表

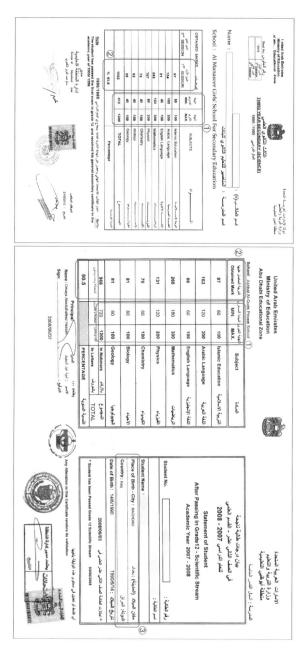

注：（左）1996 年の高等学校 3 年生成績表（2010 年再発行）　（右）2008 年の高等学校 3 年生成績表
出所：Tang, A., Tse, E. and Bell-Handrickson, P. "Evaluating Credentials from the Middle East(Jordan, Saudi Arabia and
the UAE)." the 2014 American Association of Collegiate-Resisters & Admissions Officers (AACRAO), 2014, pp. 32-33.
をもとに一部筆者修正

84

れる。

　図1は、UAEの学校により発行される成績表である。左図と右図は異なる学校の成績表であるが、いずれの学校でも成績はアラビア語と英語で併記されており、各科目の最大点・最小点（図1①）とともに、獲得された点数（素点）と全体のパーセント（%）が記載されている（図1②）。また「第12学年の最終試験を通過した」ことが示されている。加えて、右図は外国人生徒が取得した成績表であることから、生徒の出生国や国籍（図1③）が明記されているのが特徴的である。

▽▽▽ 第5節　日本語教育・日本語学校の状況

　UAEでは、非常に大きな規模を誇るショッピングモールである「ドバイモール」の中に紀伊国屋書店が展開しており、漫画や雑誌といった日本の書籍も多く販売されている。これらの多くは英語で書かれているが、こうした機会を含め、漫画やアニメなどを通して日本の文化に触れる土壌が形成されており、そこから日本や日本語に関心を持つ人々も多く見られる。

　中等教育段階では、アブダビ政府と日本企業・学校との間で様々な協定が結ばれており、例えば、2011年3月の「コスモ石油株式会社と学校法人立命館との協力協定書」や、同年5月のコスモ石油株式会社との「日本語教育に関する連携プログラム協定書」などがある。そこから、アブダビの応用技術高等学校（Applied Technology High School）において、課外科目として日本語教育の提供が開始されている。当該校において日本語教育を実施するとともに、学校法人立命館が日本語カリキュラムを監修し、ま

た、立命館宇治高等学校への短期留学の受け入れを行っている。2015年10月以降は、コスモエネルギー開発株式会社と協定書を締結してプログラムを運営しているが、第5期生（2018年卒）は23人（男子12人、女子11人）がこのプログラムを修了しており、規模は小さいながらも着実に展開している状況が見て取れる（学校法人立命館 2019）。

　高等教育段階を見てみると、数は少ないものの、日本語の授業を正規科目として設置している大学も見られる。UAEの公立大学であるハリーファ大学（Khalifa University）の教養学部では、「初級日本語I・II（Elementary Japanese I/II）」が3単位ずつ提供されている。内容は「読む」「書く」「聞く」「話す」の4技能を涵養することが挙げられているが、扱う文字が「ひらがな」と「カタカナ」であり、「聞く・話すは本カリキュラムの中心となる」と記載されているとおり、コミュニケーションを重視しつつ、視聴覚教材を利用しながら日本の文化に親しむことが目的とされている（Khalifa University 2019、155）。また、UAEの連邦立大学であるザーイド大学では、シラバスを見る限りでは日本語の授業は正規の科目として行われていないものの（Zayed University 2018）、課外活動として日本クラブがあり、そこで日本語や日本の習慣に関する学習が行われている。2015年にはこのクラブに所属する学生が、在UAE日本大使館が主催する日本語スピーチコンテストで1等賞を獲得している（Zayed University 2015）。

　こうした教育機関以外では、シャルジャにあるUAE-日本文化センター（UAE-Japan Cultural Center）で15歳以上の人々を対象に、定期的に日本語コースが提供されている。2019年度は4つの学期に分かれており、毎週土曜日午前10時から12時半まで

活動が行われている。初級や中級とともに、日本語能力試験を想定したコースが設置されており、そこでは漢字も教えられるという（UAE-Japan Cultural Center 2019）。

　このように、教育機関の内外で日本語教育が実施されているが、日本とUAEは政治・経済的なつながりとともに、教育・文化的なつながりを強めようとする動きがある。中島明彦駐UAE特命全権大使は「両国にとって、教育は、豊かな未来へ向かう最も重要な政策の柱の1つである」と述べたうえで、「2020年のうちに両国の関係を強めるための取り組みの一部として、日本語のコースがUAEの学校で教えられるようになれば」と期待している。日本国際協力センターによれば、学位取得の希望の有無にかかわらず、日本で学ぶUAE人の数は2013年の102人から2018年には166人となっていることから（The National 2019）、日本へ関心を持つ学生は着実に増加していると捉えることができよう。

◆◆◆ おわりに

　UAEは中東湾岸地域に位置するイスラームを国教とする国家でありながら、急速な経済発展を遂げつつ、極端に国際化が進行した社会を形成している。教育・高等教育部門もそうした国際化の影響を受けて変化しており、原油資源に頼らない知識基盤経済を担う労働者の育成に熱心に取り組んでいる。価値教育の側面では、従来のイスラーム学習の科目が堅持されながらも、幅広いテーマを扱う「道徳教育」がすべての学校で行われることとなった。また、多様な国のカリキュラムを提供する学校が展開していることから、それらの学校から得られる修了証の同等性を認証する

制度が整備されており、高等教育機関への入学につながる資格として重要視されている。

　日本との関係を見てみれば、日本にとってUAEからの原油輸入量はサウジアラビアに次ぐ2位であり（2019年7月分）、また多くの日本企業がUAEに進出していることから、特に経済関係はますます強くなっている。その傍らで、UAEでも日本の伝統文化や漫画・アニメといったサブカルチャーが多くの人々に知られるようになり、教育や文化的なつながりも形成されつつある。こうした社会的特徴を持つUAEの教育制度が今後どのように展開していくのか、日本とどのような関係を形成していくのか、継続的に注目していきたい。

【注】

1) 2016 年以降にはこの CEPA が廃止され、エミレーツ標準化試験（Emirates Standardized Test: EmSAT）が導入されている。EmSAT では、英語、アラビア語、数学、物理を基本的な科目とし、公立大学のみではなく私立大学も利用できるようになっている。

2) 詳細は、中島悠介「UAE・カタールにおける付加的プログラムの展開」南部広孝・中島悠介編著『付加的プログラムの展開から見たアジアの大学教育』（高等教育研究叢書 134）、広島大学高等教育研究開発センター、2017 年、75-86 頁を参照。

【引用・参考文献】

1. Al-Alili,S., *Reforming English Curriculum in United Arab Emirates: An Examination of Emirate Teachers' Beliefs and Practices Regarding the Adoption of 'English Continuous Assessment Rich Task' (ECART)*, Michigan: Michigan State University, 2014, pp.1-220.

2. Beker,F.S., *National Pride and the New School Model: English Language Education in Abu Dhabi,UAE*, in Kirkpatrick,R. (ed.) English Language Education Policy in the Middle East and North Africa, Dordrecht: Springer, 2016, pp.279-300.

3. Government.ae., 2018, Stages and Streams of School Education, https://www.government.ae/ar-ae/information-and-services/education/school-education-k-12/joining-k-12-education/stages-and-streams-of-school-education(2019 年 4 月 28 日取得).

4. Khalifa University, *Academic Catalog' 19*, 2019, pp.1-229.

5. The National, 2019, Japanese Language Classes could be Introduced in UAE Schools, https://www.thenational.ae/uae/education/japanese-language-classes-could-be-introduced-in-uae-schools-1.893725(2019 年 9 月 9 日取得).

6. UAE-Japan Cultural Center, 2019, Japanese Language Course: Registration will Close Soon, http://jp.ae/3663/japanese-language-course-registration-will-close-soon/(2019 年 9 月 9 日取得).

7. UAE Ministry of Education, *Moral Education Curriculum Document*, Dubai : Ministry of Education, 2017, pp.1-19.

8. UAE The Cabinet, 2013, The Constitution, https://uaecabinet.ae/en/the-constitution(2019 年 9 月 9 日取得).

9. Zayed University, *Catalog 2018-2019*, 2018, pp.1-152.

10.Zayed University, 2015, Zayed University Student Wins First Place in the Japanese Speech Contest, https://www.zu.ac.ae/main/en/news/2015/March/jap15.aspx(2019 年 9 月 9 日取得).

11.学校法人立命館、2019 年「アブダビ日本語教育プロジェクト」http://www.ritsumei.ac.jp/intl/program/hrd/abdhabi.html/（2019 年 9 月 9 日取得）。

12.中島悠介「アラブ首長国連邦における『道徳教育』科目導入の社会的背景に関する一考察」『大阪大谷大学紀要』第 52 号、2018 年、1-14 頁。

13.堀拔功二「アラブ首長国連邦における国家変容と『国民』形成－国籍法と結婚基金政策を事例に」『日本中東学会年報』第 25 巻、第 1 号、2009 年、83-111 頁。

6 キルギス

多民族・多言語社会における教授言語別教育の現状と課題

ビシケク市サトゥルガノフ記念第 69 番ギムナジヤ（初等中等教育学校）の授業風景（筆者撮影）

▼▼▼ はじめに

　キルギス共和国（以下、キルギス）は1991年にソビエト社会主義共和国連邦から独立した中央アジアに位置する国家である。キルギス共和国統計委員会発行の「キルギスタン簡易統計便覧」によると2018年末時点での人口は約638万人、民族構成はキルギス系73.5%、ウズベク系14.7%、ロシア系5.5%、ドゥンガン1.1%、ウイグル系0.9%、その他民族4.3%からなる多民族国家である。言語は国家語がキルギス語、公用語がロシア語となっており、キルギス国内ではキルギス語とロシア語が併記された広告や表示が多く見られる。

　キルギスには「キルギス人と日本人の祖先は大昔同じ場所に住んでいた兄弟で、肉が好きな人は天山山脈に至ってキルギス人となり、一方で魚が好きな人は海を渡って日本人となった」という話がある。筆者もキルギスの大学に着任してすぐに同僚教員から聞き、キルギスに対してとても親近感が沸いたのを覚えている。キルギスの人々は、日本の経済や技術についての関心が高く、氏原（2015）によれば2012年の日本語学習者数は中央アジア5か国（キルギス、ウズベキスタン、カザフスタン、タジキスタン、トルクメニスタン）の学習者人口密度で1位となっており、日本語学習熱の高い国であることが窺える。キルギスと日本の国際関係は1992年1月に外交関係が樹立され、2017年1月に両国間の外交樹立25周年の節目を迎えている。2004年8月には外務省により「『中央アジア＋日本』対話」が立ち上げられ、専門家会合やビジネス対話等を通じて日本とキルギスを含む中央アジア地域との交流が活発化

している。

第1節　教育制度の構造と特徴

　キルギスの教育に関する原則はキルギス共和国憲法（2010年）とキルギス共和国法「教育について」（2003年）によって規定される。キルギス共和国法「教育について」は2019年7月現在までに、幾度かの一部改正を経て運用されている。基本的な教育制度は、初等教育4年、中等教育7年（前期5年、後期2年）、高等教育4年となっている。義務教育は初等教育4年と前期中等教育5年の9年間である。

　一般的にキルギス国内の初等中等教育機関はmektep（キルギス語）、shkola（ロシア語）と呼ばれ、機関数は2017〜2018年度のデータによれば2,262機関となっている。内訳は1年生から4年生までの初等教育学校が132校、5年生から9年生までの前期中等教育学校が192校、1年生から11年生までの初等中等一貫教育学校が1,920校、特別支援学校が18校となっている。キルギスの初等中等教育機関の特徴として、キルギス語教授学校、ロシア語教授学校、ウズベク語教授学校、タジク語教授学校のように教授言語によって学校（一部では学級単位）が分かれていることが挙げられる。一言語で教授している学校もあれば、2言語もしくは2言語以上で教授している学校も存在する（表1）。

　それぞれの学校のカリキュラムは教授言語が異なるため、第一言語の授業時間数や教科書が異なる場合があるが、授業科目は共通である。各授業科目は教育科学省が作成している国家スタンダードと科目スタンダードによって教育目標や内容が定められ

表1. 2017-2018 年度初等中等教育機関の教授言語別機関数・児童生徒数

初等中等教育機関の教授言語		機関数	児童生徒数
一言語	キルギス語	1,427	519,716
	ロシア語	226	162,698
	ウズベク語	33	11,653
	タジク語	3	2,271
二言語・二言語以上	キルギス語 - ロシア語	409	382,549
	キルギス語 - ウズベク語	52	30,750
	キルギス語 - タジク語	2	1,461
	ウズベク語 - ロシア語	54	54,074
	ウズベク語 - タジク語	1	1,319
	キルギス語 - ウズベク語 - ロシア語	51	53,853
	ロシア語 - ウズベク語 - タジク語	3	1,199
	キルギス語 - ロシア語 - ウズベク語 - タジク語	1	1,118
合計		2,262	1,222,661

出所：Natsional'nyi statisticheskii komitet Kyrgyzskoi Respubliki（2018）
　　（日本語訳は筆者）

ている。

　以下では、キルギス語教授学校の2019-2020年度の授業科目
一覧及び時間数を紹介する（表2）。

　各科目は7つのカテゴリーに分かれており、「1. 言語」「2. 社会
科学」「3. 数学」「4. 自然科学」「5. 技術」「6. 芸術」「7. 心身の
育成」から構成されている。また、時間数については全ての学校
で共通の最低時間数に加えて、ギムナジヤ（人文科学系に特化し
た初等中等教育機関）やリツェイ（自然科学系に特化した初等中等
教育機関）といった学校種別ごとの時間割編成が可能となってい

表2. キルギス語教授学校 2019-2020 年度の授業科目及び時間数

分野	科目名称	授業時間数										
		1年生	2年生	3年生	4年生	5年生	6年生	7年生	8年生	9年生	10年生	11年生
	キルギス語	6	7	7	7	4	4	3	3	2	2	3
	ロシア語	3	3	3	3	2	2	2	1	1	2	2
	外国語			2	2	5	4	3	2	2	2	2
	キルギス史と世界史					2	2			2	2	2
	人間と社会				1	1	1	1	1	2	1	1
	倫理	1	1	1	1							
数学	数学	4	5	5	6	4	4	4	4	4	4	4
	郷土学自然科学	1	1	1	1							
自然科学	物理・天文						2	2	2	2	2	3
	生物					1	1	1	1	1	1	1
	化学								2	2	2	2
	地理					1	2	2	2	2	2	1
技術	技術（労働、図画とデザイン）		1	1	1	1		1	1	1		
	情報							1	2	1		
芸術	キルギス文学	1	1	1	1	2	1	3	2	3	4	3
	ロシア文学				1	2	1	2	2	3	2	2
	造形美術	1	1	1	1							
	音楽	1	1	1	1	2	2	1	1			
心身の育成	生活安全の基礎	1	1	1	1	1	1	1	1	1		
	体育	2	2	2	2	2	2	2	2	2	2	2
	徴兵前教練										2	2
	国家義務時間数	20	22	24	25	28	30	30	29	30	29	30
	学校裁量時間数					1			1			
	1週間の授業時間数	20	22	24	25	29	30	30	30	30	29	30
	年間授業時間数	660	748	816	850	986	1020	1020	1020	1020	986	1020
	最大時間数	20	23	25	26	29	31	33	34	35	32	33

出所：キルギスの教育情報新聞 Kut Bilim 紙、2019 年 7 月 23 日号

る。例えば、ビシケク市内のサトゥルガノフ記念第69番ギムナジヤでは、国が指定した必要最低時間数の他に選択科目や学校裁量時間として、外国語の時間を増やし、学校の特色としたり、教育の充実を図ったりしている。

　高等教育（大学）については、教育科学省によると2019年9月時点で国内に国立大学32機関、私立大学33機関が存在し、そ

の多くが首都ビシケクに集中している。私立大学には諸外国より設立された中央アジア・アメリカ大学（アメリカ）や、キルギス・ロシア・スラヴ大学（ロシア）、キルギス・トルコ・マナス大学（トルコ）等がある。各大学の教育課程は国家スタンダードに基づいたカリキュラムが策定されている。卒業・修了についての標準年限は学士課程（baklavriat）が4年、修士課程（magistratura）2年、博士候補課程3年（aspirantura）、博士課程5年（doktorantura）となっている。なお、2012年の新課程移行までは、現在の学士課程と修士課程は、専門家課程（spetsialitet）として5年制となっていた。

　大学教育課程の参考として、ビシケク人文大学（現ビシケク国立大学）東洋国際関係学部日本語日本文学科言語学専攻2018-2019年度のカリキュラムを紹介する（表3）。ビシケク国立大

表3. 2018-2019年度入学生　ビシケク人文大学東洋国際関係学部
　　　日本語日本文学科言語学専攻（異文化コミュニケーション分野）
　　　授業科目・国家試験一覧

	1年次	2年次	3年次	4年次
授業科目	○第一外国語演習 ○第二外国語（英語）演習 ○東洋言語史 ○異文化コミュニケーション論 ○キルギス語キルギス文学 ○ロシア語 ○外国語（英語） ○環境科学 ○体育 ○キルギス史 ○古代言語と文化 ○体育 ○学年専門研究	○第一外国語演習 ○第二外国語（英語）演習 ○第二東洋言語 ○言語演習 ○選択科目 ○キルギス語キルギス文学 ○哲学 ○論理学 ○数学と情報学 ○キルギスの地理 ○体育 ○マナス学 ○現代の自然科学 ○情報技術 ○学年専門研究	○第一外国語演習 ○第一外国語応用演習 ○第二外国語（英語）演習 ○第二東洋言語 ○専門演習 ○東洋言語論原論 ○対照言語学・類型論 ○通訳・翻訳論 ○研究入門 ○選択科目 ○学年専門研究	○第一言語応用演習 ○第二東洋言語 ○言語学原論 ○東洋言語論 ○記号論 ○選択科目 ○技能演習 ○卒業論文
国家試験		○キルギス学（キルギス語、キルギス文学、キルギス史、キルギス地理）	○総合英語	○東洋言語 ○東洋学

出所：ビシケク人文大学東洋国際関係学部 2018-2019 年度入学生授業計画

学は東洋国際関係学部に日本語日本文学講座（学士課程・修士課程）を有しており、キルギスにおける日本語教育、日本学研究の基幹となっている大学である。

履修科目は全科目が必修であり、学生は科目履修の選択はできないのが現状となっている。1年生から3年生の後期には「学年専門研究」が課せられており、学生はそれぞれの専門に合わせて論文の形で発表、提出することが義務付けられている。また、学士課程の卒業条件として、全科目240単位修得（各学期30単位、計8学期）と卒業論文の提出、国家試験合格が求められていることもキルギスの高等教育における特徴であろう。

▼▼▼ 第2節　初等中等教育機関における外国語教育

キルギスの外国語教育は3年生から11年生まで授業科目「外国語」として実施されている（表2を参照）。外国語（英語）は教育科学省の科目スタンダードによって規定されているとともに、推薦教科書も指定されている。学校によっては、ドイツ語、フランス語、中国語等を外国語科目として扱っているところもある。

3年生、4年生の科目スタンダードを見ると、小学校教育における英語学習の目標として、聴く、話す、読む、書くの4技能の修得及び向上と共に、児童の異文化理解や国際的視野の獲得を目指していることが窺える。

教科書については3年生から7年生まではキルギスで開発された教科書を使用しているが、8年生から11年生にかけては、ロシアで出版されている教科書も用いられている。教科書の最初の見開きには、キルギスの国旗と国章、国歌が書かれており、目次

図1　4年生英語教科書 Unit5 Lesson1

Unit 5

Lesson 1: Do you like ... ?

1. a) Read the dialogue. Find what food Ben likes for breakfast.

Mother: It's time for breakfast boys!
Akyl: Do you like meat for breakfast, Ben?
Ben: No, I don't.
Akyl: Do you like sausages?
Ben: No, I don't.
Akyl: Do you like eggs?
Ben: Yes, I do.
Akyl: Do you like bananas?
Ben: No, I don't.
Akyl: Do you like apples?
Ben: Yes, I do.

b) Practice the dialogue.

72

2. a) Complete the questions and answers.
Example: Do you like apples? Yes, I do. No, I don't.

1.	Do you like sweets?	Yes, I do.	No, I don't.
2.	_____ you like biscuits?	Yes, I ____.	No, I ____.
3.	_____ you ___ cheese?	Yes, I ____.	No, I ____.
4.	_____ butter?	Yes, ____.	No, ____.
5.	_____ juice?	Yes, ____.	No, ____.
6.	_____ milk?	Yes, ____.	No, ____.
7.	_____ vegetables?	Yes, ____.	No, ____.

b) Work in pairs. Ask and answer the questions in Exercise 2 a).
Example: A: Do you like apples, Aibek?
B: No, I don't.

c) Ask six more questions.
Example: A: Do you like Ben 10, Aibek?
B: Yes, I do.

3. a) Write the words in the correct order to make questions.
Example: Do you like potatoes?

1. like / potatoes / you/ do / ? _____
2. green / you / like / do / apples /? _____
3. like / do / black / you / ? / tea _____
4. you / ? / like / do / biscuits _____
5. like / ? / you / cucumbers / do/ _____
6. carrots / ? / do / like / you _____
7. like / you / do / juice / orange /? _____
8. goat / like / cheese / ? / do / you _____

73

出所：Tskanova et al.（2019）pp.72-73

には学習する語彙や文法、発音が記載されている。教科書の各ユニットは4つのレッスンで構成されており、ユニットのまとめとなるレッスン4は聴読解や読解問題が設定されている。

　学校で英語を担当する教員は、キルギス人教員が多く、英語を母語とする教員の数は少ないのが現状であるが、国内の大学や研究機関で英語教育力向上を目指したセミナー等が実施されている。日本が関わる英語教育関係の取り組みとしては、NPO全国語学教育学会の姫路支部の会員が中心となって2004年に設立したTeahers Helping Teachers（THT）の取り組みが挙げられる。THTは日本の英語教育関係者によるアジア地域の英語教育関係者や学生の支援を行っており、キルギスでは2009年から毎年9月にビシケク市やその他の地域で、英語教育セミナー

やワークショップが実施されており、国内の英語教育関係者や学生が数多く参加している。

▼▼▼ 第3節　初等教育段階における道徳教育

　キルギスの道徳教育は1年生から4年生の「倫理（キルギス語：adep、ロシア語：etika）」という科目内で4年間行われる（前掲の表2を参照）。また、5年生から11年生には倫理分野、経済分野、人間と社会分野の3つの要素が複合されている「人間と社会」において道徳を学習することになっている。したがって、キルギスの道徳教育は初等教育段階から後期中等教育段階の11年間で実施されていることになるが、本節では「倫理」単独で科目が成立している1年生から4年生の内容を取り扱う。

　2019～2020年度の教育課程では、キルギス語教授学校、ウズベク語教授学校、タジク語教授学校は教育科学省の3学校共通の推薦教科書が1年生から4年生まである。教科書の内容については、例えば1年生の教科書では、倫理とは何か、社会的なルール（挨拶、健康と体育、公共の場でのエチケット、交通ルール等）、家族や周囲の人々との関係と思いやり、名前について、キルギスの自然や動植物、歴史と伝統、昔話やキルギスの英雄マナス等について学習することになっている。

　ロシア語教授学校は推薦教科書が存在せず、ロシアの教育課程に基づいた課題ノート（Kuzhetsova 2018等）がある。そのため、キルギス語教授学校、ウズベク語教授学校、タジク語教授学校はキルギス事情・キルギス文化に即したテーマで行われているが、ロシア語教授学校の教材は、ロシアの教育機関で用いられ

ているものと同じ教科書を使用しているため、他の3学校で扱うキルギス文化・事情は掲載されておらず、授業内容は担当教員の裁量に任せられているようである。

第4節　大学入学者選抜と成績評価

　キルギスの大学入試制度は、2002年から「共和国統一試験（キルギス語:Jalpï respublikalïk test、ロシア語:Obshcherespu blikanskoe testirovanie）」が導入されており、教育アセスメント・教育方法センターが実施、運営、評価を担っている。

　同センターが発行している2019年度実施報告書によると、共和国統一試験はキルギス語、ロシア語で行われ、テストの解答方法は多肢選択式である。受験科目は、必修3科目「数学」「言語知識」「キルギス語文法もしくはロシア語文法」と、専門科目試験「化学」「生物」「物理」「数学」「歴史」「英語」の6科目から成る。専門科目試験は、進学希望大学の専門に合わせて科目を選択することになっている。2019年度試験は5月に実施され、4万4,289人（キルギス語2万7,448人、ロシア語1万6,841人）が受験している。

　後期中等教育学校の成績評価について紹介する。例として2019年6月卒業生の最終成績表を挙げておく（図2）。最終成績表は、卒業証明証と共に交付されるもので、どちらも1ページ両面印刷され、キルギス語版とロシア語版に分けられている。まず左上には氏名、学校名が記載されている。下の欄には履修した科目と評点（5段階評価）が記載され、評点の右側にある（　）内には評点に対応する現地語が記載されている。例えば、ロシア語印刷面であれば1（plokho）、2（neudovl.）、3（udovl.）、4

図2. キルギスの後期中等教育学校の最終成績表（日本語訳は筆者）

最終成績表 （中等普通教育修了証明書を添えなければ無効） （生徒氏名）は（学校名）における中等教育期間、以下の成績を収めた。 科目名称　　　　　評点	次の科目における中等教育修了資格判定国家試験に合格した。 科目名称　　　　　評点
（キルギス）語　　4（khorosho） （キルギス）文学　4（khorosho） （ロシア）語　　　3（udovl.） （ロシア）文学　　3（udovl.） 代数　　　　　　　3（udovl.） 幾何　　　　　　　3（udovl.） キルギス史と　　　4（khorosho） 世界史　　　　　　4（khorosho） 人間と社会　　　　4（khorosho） 地理　　　　　　　4（khorosho） 物理・天文　　　　3（udovl.） 化学　　　　　　　4（khorosho） 生物　　　　　　　4（khorosho） 外国語（英語）　　3（udovl.） 体育　　　　　　　3（udovl.） 徴兵前教練　　　　5（otlichino）	キルギス語　　　　　4（khorosho） ロシア語と　　　　　3（udovl.） ロシア文学（エッセイ）3（udovl.） 代数　　　　　　　　3（udovl.） キルギス史　　　　　4（khorosho） 化学　　　　　　　　4（khorosho） 専門資格試験結果：（資格試験名） 20（　）年の（大会・コンクール名）参加、入賞、受賞の結果： 校長署名欄： 副校長署名欄： 公印　　学級担任署名欄： 教員署名欄： 交付年月日：2019年6月24日 住民登録地：ビシケク市

出所：ビシケク市第60番後期中等教育学校2018〜2019年度最終成績表

（khorosho）、5（otlichino）と表記される。右側のページには中等教育修了資格判定国家試験の成績や資格取得の有無、大会やコンクールの出場歴が記入される。

第5節　日本語教育

　国際交流基金（2020）によると、2018年度のキルギスの日本語学習者数は1,606名、日本語教育実施機関は19機関となっている。
　初等中等教育における日本語教育は正規科目として採用している学校もあるが、主として選択科目やクラブ活動の一環として実施されており、青少年活動等の職種のJICA海外協力隊員が、クラブやコースの企画・運営に携わっているケースもある。しかし

ながら、日本語教員の異動や退職、学校事情で科目から外れる
などの事情もあるようである（西條 2017）。

　高等教育での日本語教育は、ビシケクやオシュ等の中核都市
にある大学が中心となっている。ビシケク市にはキルギス国立総
合大学やビシケク国立大学、キルギス国立大学附属日本学院等
があり、日本語を専攻言語として学ぶことが可能である。オシュ市
ではオシュ国立大学で専攻言語として日本語が設置されている。

　年少者や社会人を対象とした日本語教育については、キルギ
ス共和国日本人材開発センターの日本語講座や日本文化クラブ、
和太鼓演奏サークルなどがあり、多くの人々が日本語・日本文化
に触れる機会を設けている。他にも地方の公立子ども教育センター
等でも日本語教育が行われているところも見られる。

　キルギスにおける日本語教育の充実やキルギスと日本の相互
理解を深めることを目的とした団体として、キルギス共和国日本語
教師会（以下、教師会）がある。教師会は1999年に発足した任意
団体で、キルギス国内の高等教育機関、初等中等教育機関等
に所属する日本語教師やJICA海外協力隊員等が活動に参加
している。2015年には国際交流基金「さくらネットワーク」にも加
入を果たしている。主な活動としては、日本語弁論大会や日本語
教育セミナーの開催、会報や研究紀要の発行等、日本語学習者
への支援の他にもキルギス国内外の日本語教育関係者へ向け
た活動を行っている。

　キルギスの日本語教育の課題の一つとしては、大学教員の養
成が挙げられる。従来から教員待遇に起因する離職や人材流
出が指摘されていたが、国の教育制度変更に伴う大学教員の採
用基準の見直しにより、旧課程で専門家の学位を取得していた

教員も新たに修士の学位を求められており、教員採用と質の確保の面で厳しい状況が続いている。今後、大学教員養成を含めた大学教育の環境整備を行うことで初等中等教育機関の日本語教員養成や教育の充実にもつながっていくと思われる。

おわりに

　キルギスの教育は諸外国の支援を受けながら、改革を続けており、ソ連時代からの旧態依然とした教育からは脱却しつつある。教育分野の主な課題としては、教員の質の向上や、都市部と地方での教育格差が挙げられる。

　現行の教員採用制度では初等中等教育機関の教員採用は、学校長の裁量に任せられている部分が大きく、大卒であれば専門分野を問わず、どの科目の教員としても働くことができる。したがって、教員採用時の質保証と採用後の現職教員を対象とした教師教育の充実が強く望まれる。

　都市部と地方での教育格差については、関（2012）も指摘しているようにロシア語の習得が挙げられ、都市部と地方で習得状況が異なっているようである（Korth 2005）。Brunner&Tillett（2007）は、国内の大学の教授言語の67.9％はロシア語であると報告している。また、キルギス共和国統計委員会発行の『キルギス共和国における教育と科学（2018年度版）』では、2017〜2018年度の教授言語別の学生比率が、キルギス語を教授言語とする学生は全体の24.7％であり、ロシア語を教授言語とする学生は66.7％であったと報告されている。これらの報告からキルギス国内の大学においては、現在でも多くの学生がロシア語を教授

言語としていることが窺える。近年では教育科学省から、国立大学の使用言語のキルギス語移行が推奨されているが、キルギス語教授大学では定員割れ等の事例が報告されている（Kellner-Heikele&Landau 2015）。そのため、ロシア語習得が大学教育へのアクセスや、地方出身学生の大学生活への適応にも影響を及ぼしていることが考えられる。

　多民族国家キルギスとしてキルギス語、ロシア語教育をはじめとする母語教育環境の充実や教育機会へのアクセスの整備、教員養成を含む教育の質を保障し、いかに都市部と地方の教育格差を是正していくことがキルギスの教育全体の課題であると考えられる。

【引用・参考文献】
1. 氏原名美「キルギス共和国日本語教育事情頭脳流失―日本語教師のジレンマ」『日本語教育から見た国際関係報告書 2014』国士舘大学、2015 年、pp.15-35。
2. 国際交流基金『海外の日本語教育の現状 –2018 年度日本語教育機関調査より』、国際交流基金、2020 年。
3. 西條結人「キルギス共和国における日本語教育の現状と課題：「現地化」した日本語教育ネットワークの構築・改善を目指して」『キルギス日本語教育研究』1、2017 年、pp.48-59。
4. 関啓子「第 3 章　キルギス共和国―模索が続く国づくりと人づくり」『中央アジアの教育とグローバリズム』東信堂、2012 年、pp.39-52。
5. Brunner, Jose Joaquin and Tillett, Anthony *Higher Education in Central Asia*: *The Challenges of Modernization*, Washington, DC: The World Bank, 2007.http://documents.worldbank.org/curated/en/266211468235483571/pdf/689260ESW0P0850rnization00200700eng.pdf（2019 年 12 月 27 日閲覧）
6. Kellner-Heinkele, Barbara and Landau, Jacob M., *iazykovaia politika v sovremennoi tsentral'noi Azii: Natsional'naia i etnicheskaia identichnosti i sovetskoe nasledie*, Moscow: Tsentr knigi Rudomin, 2015.

7. Korth Britta, *Language Attitudes towards Kyrgyz and Russian; Discourse, Education and Policy in post-Soviet Kyrgyzstan*, Bern: Peter Lang, 2005.

8. Kuzhetsova, N.P. *Rabochaia tetrad' po Etike*, Moscow: izdatel' stvo Shkola, 2018.

9. Ministerstvo obrazovaniya i nauki Kyrgyzskoi Respubliki, Ob utverzh denii perechnya uchebnikov, rekomenduemykh dlya ispol' zovaniya obra zovatel' nymi organizatsiiami Kyrgyzskoy Respubliki s kyrgyzskim, russkim, uzbekskim i tazhdikiskim yazykami obucheniya na 2019-2020 uchebnyy god, 2019.https://edu.gov.kg/media/files/fd3239e9-5ac7-486f-be09-8d7397303ba9.pdf（2019 年 12 月 27 日閲覧）

10. Ministerstvo obrazovaniya i nauki Kyrgyzskoi Respubliki, Systema VU Zov 2019. https://edu.gov.kg/ru/high-education/unis-system/（2019 年 12 月 27 日閲覧）

11. Natsional' nyi statisticheskii komitet Kyrgyzskoi Respubliki（2018）*Statisticheskii sbornik«Obrazovanie i nauka v Kyrgyzskoi Respublike»*,http://www.stat.kg/media/publicationarchive/96f08785-4102-4037-96 50-bfe7315eaa68.pdf（2019 年 12 月 2 日閲覧）

12. Tskanova, N.E., Fatneva, A.G.and Zholchieva,A.A. *Angliyskii yazyk: Uchebnik dlya 4 Klassa shkol s russkim yazykom obucheniya*, Bishkek:iz datel' stvo ARUCS Pubilishing, 2019.

7 イスラエル

多様性の国の教育

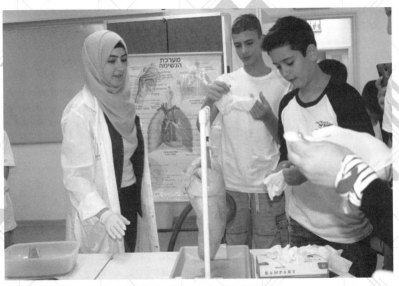

ヘブライ大学研究所主催の科学実験プログラムに参加する高校生
（The Belmonte Science Laboratories Center 提供）

▼▼▼ はじめに

　「イスラエル」と聞いたとき、日本ではテレビや新聞の報道で見かける印象が強く、戦争やテロ、核兵器保有、周辺諸国との確執などあまり肯定的でないイメージが先行するのではないだろうか。しかしながら、日本とイスラエルは様々な分野で徐々に関係を深めてきた。イスラエルでは日本のアニメやマンガ、コスプレなどのサブカルチャーが広がっている。たとえば、2008年からは仮装を楽しむユダヤ教の祭りであるプリム（Purim）の時期に、ハルコン（HARUCON）と呼ばれる日本のアニメ・マンガファンによる大規模なイベントが毎年行われている。2011年の東日本大震災の直後には、イスラエル軍が編成した緊急医療チームが、宮城県南三陸町において約2週間、被災者の診療にあたっていた（立山 2012）。今後も経済、文化、教育といった様々な分野において、両者の関係が深化していくことが予想される。

　イスラエル社会は多様性に満ちている。帰還法（Hok Hashvut）により、すべてのユダヤ人はイスラエルに移民（アリヤー）する権利を認められている。帰還法におけるユダヤ人の定義は①ユダヤ人の母から生まれた者、あるいは②ユダヤ教徒に改宗した者で、他の宗教に帰依していない者、と非常に緩やかなものであるため、毎年多くの人々が移民してくる。2018年は、約2万8,000人がイスラエルに移民した（イスラエル中央統計局）。このように世界中から移民を受け入れているイスラエルでは、様々な文化的背景を持つ人々が同じイスラエル国民として暮らしている。さらに、国民の4分の1はアラブ人などの非ユダヤ系である。こうした人々

の多様性が、イスラエルの政治、文化、宗教、教育といった分野に影響を与えている。

第1節　学校教育制度

イスラエルの学校教育制度（図1）では、義務教育期間は5歳から18歳までである。就学前教育として1年間幼稚園に通ったの

図1. イスラエルの学校系統図

出所：文部科学省『世界の学校体系』（ぎょうせい、2017）をもとに筆者作成

ち、小学校（6年間）、中学校（3年間）、高校（3年間）と進む。なお、2012年に新制度が導入されたことにより、公立幼稚園では3歳から無償で教育を受けられるようになり、3・4歳児の大半が通園している。イスラエルの学校教育制度の特徴は、文化的多様性を考慮し、全ての教育段階において学校が大きく次の4つのグループに分かれている点にある。国立学校には、イスラエルの子どもの大多数が通っている。国立宗教学校では、ユダヤ教の教典、伝統、慣習に重点が置かれており、多くの学校では敷地内にシナゴーグ（ユダヤ教の礼拝所）が併設されている。アラブ・ドルーズ学校は、アラブ人あるいはドルーズ族の子どものための学校で、アラビア語で授業が行われ、アラブやドルーズ族の歴史や伝統、文化が教えられている。それから私立学校、たとえば超正統派と呼ばれる、ユダヤ教の戒律を厳格に守るグループによって運営されている独立学校では、トーラー（ユダヤ教の律法書）など宗教的な学習が多くを占めている。学年暦は、通常9月から6月末までである。

　高校卒業後、イスラエルの学生の多くは男子3年間、女子2年間の兵役義務が課せられる。さらに、兵役を終えた後しばらくの間、見聞を広めるといった理由で海外旅行に出かける者が多いため、大学の入学年齢は20代前半から半ば頃になる傾向にある。

　就学前教育から後期中等教育までは教育省が所管する。高等教育機関は高等教育評議会の管理の下で運営されている。同評議会は教育相が長を務め、学者、地域の代表者及び1名の学生代表で構成され、合格の認定、学位授与の認可、高等教育と科学研究の発展や財政の問題に関して政府への助言などを行っている（イスラエル外務省）。

　イスラエルでは金曜日の日没から土曜日の日没までが「安息日

（シャバット）」であるため、国立学校では通常日曜日から金曜日まで授業が行われる。なお、金曜日は安息日の関係で昼までに授業が終わる。教育課程は、ヘブライ語、算数（数学）、歴史、聖書、英語などといった基礎科目がすべての国立学校で統一されている。国立宗教学校では、その名の通り宗教的な教育により重点が置かれ、早朝から祈りの時間等を取り入れる学校もある。放課後等に教科外活動としてスポーツ、合唱、ボランティアなど様々な活動が行われており、活動費用は保護者が負担している。

　中等教育は前期中等教育、後期中等教育に分けられ、それぞれ3年間である。英語や数学等の授業では能力別クラス編成（ストリーミング）が行われている。後期中等教育は、大きく普通教育、農業教育、職業技術教育の3つの課程に分かれているが、普通教育と職業技術教育の2つの課程を提供する総合制学校も約4割程度存在する。

　イスラエルの高等教育機関には、9つの総合大学（うち1つは入植地に建設されているため、議論の対象となっている）と、31のカレッジ（うち12校が私立）、21の教員養成カレッジがある。大学では、学士課程（3年〜7年間）のほか、修士課程、博士課程が提供される。カレッジは総合大学の管理下で運営されているものも多く、学士課程および各種の職業専門課程（芸術、音楽、工学、ダンス、ファッション、看護、リハビリ治療、スポーツなど）が開設されている。教員養成カレッジでは教員資格取得のための2〜4年の課程が用意されている（文部科学省）。

▼▼▼ 第2節　外国語教育

　イスラエルでは、1968年の教育改革により、各校種の第5学年から英語が必修科目として導入された。歴史上、イギリスの統治下の時代には反発心から英語の学習を拒否することも見られたが、1967年の第三次中東戦争（6日間戦争）以降、アメリカの影響を強く受けるようになり、英語の位置付けも大きく変化した（竹中1980）。

　現行のカリキュラムでは、英語教育は第3学年から導入され、第12学年まで各校種において必修科目となっている。カリキュラムは、欧州評議会が提唱した、総合的な言語能力指標であるヨーロッパ言語共通参照枠（Common European Framework of Reference for Languages:CEFR）を参考に開発されている。2018年7月に発行されたものが最新版であるが、現在第6学年までの2020年度版が公開されている。学習到達度は基礎準備（Pre-foundation, 第3学年〜第4学年初期）、基礎（Foundation, 第4学年〜第6学年）、中級（Intermediate, 第7学年〜第9学年）、熟練（Proficiency, 第10学年〜第12学年）の4つに分かれており、それぞれにおいて習得すべき語彙数や文法、読む・書く・聞く・話すといった各技能が定められている。たとえば、基礎準備レベルでは、聞く・話すといった技能の実践期間を最初の3〜4ヶ月間設けることで、使用頻度の高い単語の認識やそれぞれの単語のまとまり、パターンなどを認識することができ、その後のリーディングの基礎になるとしている（イスラエル教育省）。さらに、基礎準備レベルでは、英単語を構成する音韻の認識を促すため、授業において英語の

歌やビデオ、簡単なゲームなどを用いている。習得すべき語彙数は200語程度である。基礎レベルからは文法の学習が始まり、現在形、過去形、未来形、助動詞等の基礎的な文法について、簡単な文章を用いて学習が行われる。

　教員は教科書のほかに、教育省の運営するウェブサイトから教材をダウンロードしたり、ウェブサイト内で紹介されているリンク先の教材を使用したりと、多様な教材を用いることができるようになっている。

　英語以外の外国語教育は、国立学校における多くの場合、前期中等教育では選択必修科目において、第三外国語としてアラビア語かフランス語を学習する。後期中等教育においては、選択科目としてさらに多くの外国語を学習することができる。たとえば、学校によってはイタリア語、アムハラ語、フランス語、ドイツ語、ロシア語、スペイン語、イディッシュ語、中国語等を学習することができ、高等教育進学資格であるバグルート（Bagrut）の試験科目としても選択できる。

▼ 第3節　道徳教育

　イスラエルの道徳教育は、ユダヤ教、キリスト教、イスラム教などそれぞれの宗教に関する教育のほかに、次の3つの教科において教え学ばれている。すなわち①ライフスキル（初等教育と前期中等教育）②心の鍵（Mafteach Halev, 初等教育）③ユダヤ／アラブ／ドルーズの伝統と文化（初等、中等教育）、である。

　ここでは、初等・中等教育段階で学ばれる「ライフスキル」について、学習テーマや学習内容を手がかりに見てみよう。学習テー

マは、第1学年から第9学年にかけて、家族、友人などの身近な人々との関係からクラス、様々な社会集団との関係へと徐々に広がっており、様々な社会集団に対する所属意識や、異なる考え方を持つ他者の受容や衝突した際の対話方法などが具体的な学習内容としてあげられている。第3学年からはジェンダー（性差）の学習が始まり、第5学年からは性教育に関連するトピックが見られるようになる。また、思春期をむかえる第5学年から第9学年にかけては、心身の変化についての学習やストレスマネジメント、レジリエンスの涵養などメンタルヘルス関連のトピックが多く見られる。初等教育段階後半からたばこの害についての学習がはじまり、前期中等教育段階では、アルコール、ギャンブル、ドラッグの危険性が取り上げられている。この他、インターネットの活用やそのリスクについては、全学年を通して学習するトピックとなっている（イスラエル教育省）。

　上記の内容からも分かるように、イスラエルの道徳教育は、適切な振る舞いのための教育（暴力の低減、忍耐、「他者」の受容など）と、メンタルヘルス（タバコ、ドラッグ等の防止やストレス対処など）に重点を置いている（Ariel 2012）。また、教科外活動として行われる国内各地へのフィールドトリップも、児童・生徒間の関係を深め社会性を涵養するものであると同時に、イスラエルの歴史や遺産、文化に直に触れ、国民意識を高めることに繋がっている。

▼▼▼ 第4節　大学および大学院における 入学者選抜と成績評価

　イスラエルの大学入試制度は、1981年に設立された国立試験評価機関（The National Institute for Testing and Evaluation）によって運営されている。大学進学を希望するものは、まずバグルート（Bagrut）を得ていることが必要である。バグルートとは、高等学校最終学年に行われる大学進学資格を得るための試験であり、同時にバグルートの成績が大学入試の評価に用いられる場合が多い。図2は国立学校に通っていた生徒の実際のバグルートの成績表である。

　なお、ヘブライ語は右から左に向かって読む。上部に学校名、生徒の氏名、ID番号、受験年度が記載されている。図中の①に

図2. バグルートの結果が記された成績表

出所：筆者知人提供

は受験した科目名が記されており、図2の左側では上から順に英語、ユダヤ教聖書、ヘブライ語表現、文学、数学、化学、歴史、コンピュータサイエンス、公民、システムデザイン、図2の右側では上から順に生物、物理、アラビア語、体育となっている。図中の②はユニット（Unit of Study）という受験科目の難易度を表しており、通常1から5まである。生徒は受験の際にこの難易度を選択する。図中の③には点数とそれに対応した評価が記されている。評価基準は、素晴らしい（Metzuyan, 95-100）、非常に良い（Tov Me'od, 85-94）、良い（Tov, 75-84）、おおむね良い（Kim'at Tov, 65-74）、可（Maspik, 55-64）、かろうじて可（Maspik Bekoshi, 45-54）、不可（Bilti-Maspik, 44点以下）となっている。バグルート資格を得るための最低条件としては、必修科目であるユダヤ教聖書（あるいはキリスト教およびイスラームの経典）、英語、公民、文学、ヘブライ語（アラビア語）表現、歴史それぞれのユニットにおいて定められた条件を満たし、さらに1つ以上の任意の科目において、4ユニット以上を獲得した上で、合計で21ユニットを獲得する必要がある。

　大学入試に際しては、上述したバグルート資格のほかに、サイコメトリックテスト（ha-Psikhometri）と呼ばれる、数学、英語、言語能力テスト（Verbal reasoning）の科目からなる共通テストを受験する必要がある。また、このほかにサイコメトリックテストをヘブライ語以外の言語で受験した生徒のヘブライ語能力を測るためのヘブライ語能力試験（YAEL）、受験生の英語能力を評価する際に参考となる英語能力試験（AMIR）などがある。

　先述したように、大学入試に際してはバグルート資格とサイコメトリックテストの受験が共通して必要であるが、大学によっては上

記各試験結果の評価方法を複数提示しているところもある。受験生は志望する大学の指定する、学部の選抜条件（必要なバグルートの各科目におけるユニット数、サイコメトリックテストの点数など）を確認して、希望する評価方法で出願する。たとえば、ヘブライ大学における選抜では学部共通の評価方法として、バグルートの結果だけで評価する方法、バグルートとサイコメトリックテストの両方を用いて評価する方法、サイコメトリックテストの結果だけで評価する方法（30歳以上）などが採られている。なお、入学に必要なバグルート資格を欠いている移民や学生には、メヒナー（Mechina）と呼ばれる特別な準備コースが用意されており、コースを修了すれば大学への入学資格が与えられる。

　大学院入試の選抜に必要な書類は各大学、各専攻によって異なる。たとえば、ヘブライ大学の人文科学部教育学科において、教育科学に関する総合的研究（Integrated Studies in Educational Sciences）を専攻したい場合、①少なくとも85の単位を含む教育学の学位②志望理由書③口述試験④卒業論文の承認に関する責任者からのレター、が必要である。

▼▼▼ 第5節　日本語教育

　1964年に、エルサレム・ヘブライ大学人文学部東アジア学科日本語教育コースが、イスラエルで最初の日本語教育機関として開講した。その後1980年代には、私立の語学学校等においても日本語講座が開設されるようになった。国際交流基金の日本語教育機関調査によると、2015年時点で、ヘブライ大学、テルアビブ大学、ハイファ大学をはじめとする6つの高等教育機関と、民間

で設立されたものを含むその他の4つの機関の計10機関で日本語教育が継続的に実施されている。上記教育機関における教師数は計22人、学習者数は計458人である（国際交流基金）。近年ではインターネットの語学学習サイトやスマートフォン、タブレット用のアプリケーション、日本語のアニメや映画等の動画を用いて独学で日本語を勉強する人も増えているため、実際にはさらに多くの学習者がいると考えられる。

　学習者層としては、日本のアニメやマンガの影響で、幼少期から日本の文化に興味を持ったことがきっかけとなり、日本語の勉強を始めたという20〜30代の若年層が増えている。また、2015年頃からイスラエル人の訪日者が増え始め、観光を目的とした旅行先としての日本への人気が年々高まっている。2020年には、イスラエルのテルアビブ・ベングリオン空港と日本の成田空港を結ぶ初めての直行便が就航する予定である。こうしたことから、日本へ旅行に出かけるのに際し、日本語の会話を勉強する人が増えている。

　10機関のうちアジアン・インスティチュート（the Asian Institute, TASI）を除くすべての機関に日本人教師が在籍している。高等教育機関に勤務する日本人の日本語教師の多くは、日本国内や欧州各国の日本語教師養成コースの修了者である。また、イスラエル人教師は、ほぼ全員が日本国内における日本語教師研修や教師養成コースを修了している（国際交流基金）。

　教材は、先述の高等教育機関やその他の私立教育機関の多くで、日本の出版社によって出版された、英語で書かれたテキスト（『げんき』『Japanese for Busy People』など）が使用されている。一方、語学学校の一つである「ジャパンイージー（JAPANEASY）」

では、独自に開発したヘブライ語のテキストを用いている。

　イスラエルでは、日本・イスラエル外交関係樹立60周年を迎えた2012年から、国際交流基金が実施する日本語能力試験が年1回、毎年12月に実施されている。受験者数は総じて増加しており、直近三年間の受験者数は75人（2016年）、113人（2017年）、87人（2018年）であった。

　イスラエル教育省のカリキュラムでは、初等中等教育段階での日本語教育は義務づけられておらず、また外国語の選択肢として含まれていない。一方で、生徒の署名活動によって、2013年から2015年まで日本語の特別授業が行われていたレオ・ベック高校のように、課外学習の形で日本語の授業を開講する学校もある。

▼▼▼ おわりに

　ユダヤ教の聖典である「タルムード」の中に「世界はまさに、校舎にいる子どもの息吹にかかっている」という文言がある。イスラエルにおいて教育は非常に重視されており、未来の鍵を握るものであるとされている（イスラエル外務省）。多くの国から移民を受け入れ、人種、宗教、文化、政治的信条等の異なる人々が暮らす社会では、いまだ人種差別や、民族グループ間の対立など多くの課題を抱えている。イスラエルの学校が文化的多様性に配慮して4つのグループに分かれていることは先述したとおりだが、かえってアラブ人とユダヤ人、宗教派と世俗派といった、異なるグループ間の、子ども時代の交流の機会が無くなることを懸念する声もある。一方で、近年では、アラブ人とユダヤ人の子どもたちが共に学ぶ私立学校の設立や、アラブ人とユダヤ人、世俗派と宗教派の児童・

生徒が人種差別について共に学ぶプログラムの開発などが行われている。将来にわたって多様な人々が共存する社会の実現において、教育は重要な役割を担っている。

【引用・参考文献】
1. イスラエル外務省『イスラエルの情報』、2010 年。
2. 国際交流基金「イスラエル（2017 年度）」日本語教育 国・地域別情報 https://www.jpf.go.jp/j/project/japanese/survey/area/country/2017/israel.html（2019 年 12 月 26 日閲覧）。
3. 竹中龍範「イスラエルの英語教育」『中国地区英語教育学会研究紀要』第 10 号、1980 年、21 ～ 24 頁。
4. 立山良治編著『イスラエルを知るための 60 章』明石書店、2012 年。
5. 日本語能力試験「過去の試験のデータ」https://www.jlpt.jp/ statistics/archive.html（2019 年 12 月 26 日閲覧）。
6. 文部科学省『世界の学校体系』ぎょうせい、2017 年。
7. Sarid, Ariel, *Moral and Character Education in the Israeli Curriculum,* The Initiative for Applied Education Research, 2012. http://education.academy. ac.il/SystemFiles/23134.pdf.（2019 年 12 月 26 日閲覧）
8. The Central Bureau of Statistics（イスラエル中央統計局） https://www.cbs.gov.il/he/mediarelease/Pages/2018/%D790%D7%95%D7%9B%D7%9C%D7%95%D7%A1%D7%99%D7%99%D7%AA-%D7%99%D7%A9%D7%A8%D7%90%D7%9C-%D7%91%D7%A4%D7%AA%D7%97%D7%94-%D7%A9%D7%9C-%D7%A9%D7%A0%D7%AA-2019-2018-19.aspx.（2019 年 12 月 26 日閲覧）
9. Ministry of Education, A teaching curriculum portfolio for teaching staff. https://edu.gov.il/special/Curriculum/Junior-High/Pages/Junior-High-List-of-subjects-per-grade.aspx.（2019 年 12 月 26 日閲覧）
10. Ministry of Education, Pedagogical Secretariat, Language Department, Inspectorate for English Language Education, *English Curriculum 2020 for Elementary School,* 2019.

あとがき

　本シリーズ第3巻は、南アジア・中央アジア・西アジアというアジアの広域を扱う巻となっている。南アジア・中央アジア・西アジアの国々は、観光地として世界的に人気の高い欧米諸国や、地理的にアクセスしやすい東アジア・東南アジア諸国と比べると、同じアジアでありながら、どこか遠い辺境の国であるかのように捉えられがちである。テレビや新聞などで取り上げられる場合でも、新興国としての経済的関心や、異国情緒溢れる国というロマンチシズムをもって一面的に語られたり、極端な貧しさや過激さがクローズアップされ、異質な他者として紹介されたりすることが少なくない。

　一方、我が国における南アジア・中央アジア・西アジア地域出身の外国人の数は、増加傾向にある。法務省の在留外国人統計で、2019年時点の日本に住む外国人（永住者や中長期在留者、留学生など）の国籍・地域別人数をみてみると、ネパール（第6位、約9万3千人）、インド（第12位、約3万8千人）、スリランカ（第15位、約2万6千人）、パキスタン（第17位、約1万7千人）バングラデシュ（第18位、約1万6千人）など南アジア諸国の多くが上位20位にランク入りしており、いずれの国も、2012年時点より増加している。西アジア・中央アジアの国々についても、トルコが約2,500人から約5,200人、キルギスが227人から552人、イスラエルが499人から610人、アラブ首長国連邦（以下、UAE）が57人から121人と、南アジア諸国の人数ほどではないものの、すべての国について在留人数が増加している。このことは、私たち日本人にとって、これらの国々の人々がより身近な存在となりつつあることを示している。

第3巻は、南アジア・中央アジア・西アジア諸国の教育を研究する専門家陣が、第1巻、第2巻同様に、各国の教育について、外国語（英語）教育、道徳教育、大学進学、日本語教育という4つの視点から、フィールド調査での知見を交えて執筆したものである。ここでは、各章の考察を手がかりに、これらの地域における教育の実態を横断的に概観し、そこから見出される傾向や特徴を述べていく。

　まず、英語教育については、必修か選択かの違いはあるが、いずれの国においても小学校から科目としての英語教育が行われている。イギリスの植民地・保護国下にあった南アジア諸国（インド、ネパール、バングラデシュ）やUAEでは、小学校1年生から英語教育が実施されている。そのほかの国でも、トルコでは小学校2年生、キルギス、イスラエルでは小学校3年生から英語教育が行われている。また南アジア諸国では、教授言語として英語を用いる学校が増加しており、富裕層のみならず貧困層の間でもこうした学校が普及しつつある。しかし、英語を母語とする教員が不足しており、英語教育の質が課題となっている。

　道徳教育については、単体科目として実施している国（ネパール、バングラデシュ、トルコ、UAE、キルギス）や単体科目としての実施と教科横断的な実施の双方がみられる国（インド、イスラエル）がある。内容をみてみると、特定の宗教に関する教育（複数の中から選択できる場合もある）を道徳教育として行う国もある一方で、中立的な教育を行っている国もある。たとえば、国民の9割がイスラームであるトルコでは、世俗主義を謳いながらもイスラームに関する教育が行われている。一方で、国民の9割が移民のUAEでは、憲法でイスラームを国の公的な宗教とし、イスラーム教育を継続し

ながらも、グローバルな市民性教育が行われている。ただしより詳しくみてみると、特定の宗教に関する教育を行っている場合でも、普遍的な道徳的価値に重点が置かれているなど、道徳教育の内実は様々である。

　大学進学のための評価方法としては、おもに、中等教育修了試験と大学入学試験とがある。いずれかのみで評価する場合や、両者の結果から総合的に評価する場合がある。大学入学試験については、各大学・学部が独自の試験を実施する場合と、特定の試験機関が共通試験を実施する場合がある。各大学・学部が合格基準を設定し合格者を選抜するのが一般的であるが、トルコでは、すべての高等教育機関の合格者が統一試験によって中央集権的に決定されている。また高等教育機関の教授言語が公用語や学生の母語と異なるため、教授言語に関する試験を実施している国もある(UAE、イスラエル)。多言語・多民族国家では、複数の言語で試験を実施したり(キルギス)、被差別集団に一般枠志願者よりも低い合格基準を設定したりするなど(インド)、マイノリティーに配慮がなされている。

　国際交流基金の調査(2015年)によると、第3巻で取り上げた国々の日本語学習者の数は、インド(南アジア最大の約2万4千人)、ネパール(約4.3千人)、トルコ(西アジア最大の約2.2千人)、バングラデシュ(約2.2千人)、キルギス(約1.5千人)、イスラエル(458人)、UAE(395人)の順に多い。これらの国々では、高等教育機関に日本語教育の学科や専攻(インド、ネパール、トルコ、キルギス)、コースや科目(イスラエル、バングラデシュ、UAE)が設置されており、日本語の学位取得が可能な国もある(インド、バングラデシュ)。日本語を学ぶ動機としては、日本での就職や留学、観光関連業での

就職のほか、漫画やアニメなどのポップカルチャーをはじめとする日本文化の理解などがあげられている。

以上のように、南アジア・中央アジア・西アジア諸国の教育状況からは、自国を構成する宗教／民族／言語コミュニティーへの配慮と同時に、外国語（英語）教育などを通じて国際社会との調和を図ろうとする各国の姿勢がうがわれる。日本人にとって遠い存在と思われてきた南アジア・中央アジア・西アジア諸国であるが、小学校における英語教育の導入や道徳教育の科目化を我が国に先行して実施してきた国が少なくなく、これらの国々の実践から日本が学べることは多くあるように思う。新型コロナウイルスの世界的拡大によって、国際社会との関係構築のあり方が問われる今こそ、多様なアジアの実態に目を向けていく必要があるのではないだろうか。

最後に、執筆にご協力いただいた第3巻執筆者各位と、過密スケジュールの中、細やかな助言を下さった監修者の大塚豊先生に感謝申し上げたい。またこのような社会状況の中、本書の刊行に向けてご尽力くださった一藝社の小野道子社長とスタッフの皆様方にも感謝の意を表したい。

　2020年 晩秋

　　　　　　　　　　　　　　　　　　　小原優貴

124

【索引】

【あ行】

【か行】

【監修者紹介】

大塚　豊（おおつか・ゆたか）
　　福山大学大学教育センター教授
　　［専攻］　比較教育学
　　［主要著作］『現代中国高等教育の成立』玉川大学出版部、1996 年
　　　　　　　『中国大学入試研究―変貌する国家の人材選抜』東信堂、2007 年
　　　　　　　『21 世紀の比較教育学―グローバルとロカールの弁証法』（翻訳）
　　　　　　　福村出版、2014 年　　ほか

【編著者紹介】

小原優貴（おはら・ゆうき）
　　お茶の水女子大学／日本学術振興会・特別研究員（RPD）
　　［専攻］　比較教育学、南アジア地域研究
　　［主要著作］『インドの無認可学校研究―公教育を支える「影の制度」』東
　　　　　　　信堂、2014 年
　　　　　　　「インドにおける学習者中心教育と教員養成をめぐる課題―求
　　　　　　　められる教員の学びの支援―」興津妙子・川口純編『教員政策
　　　　　　　と国際協力―未来を拓く教育をすべての子どもに』明石書店、
　　　　　　　2018 年、pp.89 － 105
　　　　　　　「『知の超大国』を目指すインドの高等教育戦略」『カレッジマネジメント』
　　　　　　　第 205 号、リクルート、2017 年、pp.55 － 58

【執筆者紹介】（執筆順）

小原優貴（おはら・ゆうき）・・・・・1章◆インド
  （編著者紹介参照）

根本和洋（ねもと・かずひろ）・・・・・2章◆ネパール
  信州大学農学部助教
  ［専攻］　植物遺伝育種学、民族植物学
  ［主要著作］「周縁を見る国民」清水正編『青年海外協力隊が作る日本―選
  　　　　考試験、現地活動、帰国後の進路―』創成社、2016年

田中志歩（たなか・しほ）・・・・・3章◆バングラデシュ
  広島大学大学院国際協力研究科博士後期課程・日本学術振興会特別研究員DC1
  ［専攻］　教育学・地域研究
  ［主要著作］「バングラデシュにおける少数民族に対するノンフォーマル教
  　　　　育の役割―小規模少数民族クミに焦点を当てて―」『ボランティ
  　　　　ア学研究』第19号、2019年、pp.123-124
  　　　　「バングラデシュ小規模少数民族クミの就学に対する親世代「意
  　　　　識と行動」」『比較教育学研究』第61号、2020年、pp.139-160

宮崎元裕（みやざき・もとひろ）・・・・・4章◆トルコ
  京都女子大学発達教育学部准教授
  ［専攻］　比較教育学、多文化教育
  ［主要著作］「外国人の子どもと教育」「多文化共生時代の道徳教育」杉本
  　　　　均・南部広孝編『比較教育学原論』（共著）協同出版、2019年、
  　　　　pp.109-125
  　　　　「トルコの宗教教科書解説」大正大学宗教教科書翻訳プロジェ
  　　　　クト編『世界の宗教教科書』（共著）大正大学出版会、2007年
  　　　　「トルコにおける2012年義務教育改革―宗教関連選択科目の新
  　　　　設とイマーム・ハティプ中学校の再開に注目して―」『京都女子
  　　　　大学発達教育学部紀要』第10号、2014年、pp.21-30

中嶋悠介（なかじま・ゆうすけ）・・・・・5章◆アラブ首長国連邦
  大阪大谷大学教育学部教育学科准教授

［専攻］　比較教育学
［主要著作］『付加的プログラムの展開から見たアジアの大学教育』(高等教育研究叢書134)（共編著）広島大学高等教育研究開発センター、2017年
「アラブ首長国連邦における国民と外国大学分校―教育ハブの中の「アラブ基盤型」発展論理―」『比較教育学研究』第53号、日本比較教育学会、2016年、pp. 93-115
「ドバイのフリーゾーンにおける外国大学分校質保証の展開―二元的アプローチへの制度的変遷を中心に―」『比較教育学研究』第49号、日本比較教育学会、2014年、pp. 176-198

西條結人 （さいじょう・ゆうと）‥‥‥6 章◆キルギス

四国大学全学共通教育センター語学教育部門助教
ビシケク人文大学（現・ビシケク国立大学）名誉准教授
［専攻］　日本語教育学、社会言語学
［主要著作］『キルギスにおける日本学研究に関する文献目録（Bibliografiya po yaponovedeniyu v　Kyrgyzstane)』Toiart Design Studio, Bishekek (Kyrgyz Republic) 2018 年（共著）
「説得を目的とした文章に関する対照修辞学研究の概観及び展望」『教育学研究ジャーナル』中国四国教育学会、2019 年、pp.13-22
「キルギスの高等教育機関における『優れた』日本語教師の行動特性：キルギス人日本語学習者への質問紙調査の分析から」『海外日本語教育研究』2、海外日本語教育学会、2016 年、pp.37-51（共著）

飛田麻也香 （ひだ・まやか）‥‥‥7 章◆イスラエル

広島大学大学院国際協力研究科教育文化専攻博士課程後期・日本学術振興会特別研究員（DCI）
［専攻］　比較教育学
［主要著作］「イスラエル・パレスチナ歴史教科書対話プロジェクトの特質―展開過程と諸アクターの相互関係―」『教育学研究ジャーナル』第 26 号、中国四国教育学会、2020 年
"Retrospect and Prospect on Japan's Education in the age of Uncertiny", *World Education Systems. Entering the 21st Century. Axiom Academic Publishers.* 2021（共著）

アジア教育情報シリーズ 3 巻
南・中央・西アジア 編

2021 年 2 月 19 日　初版第 1 刷発行

監修者　大塚　豊

編著者　小原優貴

発行者　菊池公男

発行所　株式会社一 藝 社
　　　　〒 160-0014　東京都新宿区内藤町 1-6
　　　　Tel. 03-5312-8890
　　　　Fax. 03-5312-8895
　　　　振替　東京 00180-5-350802
　　　　e-mail:info@ichigeisha.co.jp
　　　　HP：http://www.ichigeisha.co.jp

印刷・製本　モリモト印刷株式会社